드래곤볼에서 경영을 배우다

**일러두기**

이 책은 만화 《드래곤볼》에서 배우는 경영 지혜에 관한 내용으로, 만화에 나오는 인물과 상황이 부분적으로 활용되었습니다. 따라서 한국어판 만화 《드래곤볼》을 발행한 서울문화사와 일본 슈에이사(集英社)를 통해 원작자인 존경하는 토리야마 아키라(鳥山明) 선생님께 양해와 사용 허락을 받기 위해 수차례 연락을 드렸습니다만, 미처 토리야마 선생님의 동의를 구하지 못하고 발간하게 되었습니다. 이에 나중에라도 연락이 된다면 적절한 방법으로 사용 허락을 받도록 하겠습니다.

초베스트셀러 만화로 즐기는 난생 처음 경영학

# 드래곤볼에서 경영을 배우다

이용준 지음

더봄

초베스트셀러 만화로 즐기는 난생 처음 경영학

# 드래곤볼에서 경영을 배우다

**제1판 1쇄 인쇄**    2019년 2월 22일
**제1판 1쇄 발행**    2019년 2월 26일

**지은이**     이용준
**펴낸이**     김덕문

**펴낸곳**     더봄
**등록번호**   제399-2016-000012호(2015.04.20)
**주소**       경기도 남양주시 별내면 청학로중앙길 71, 502호(상록수오피스텔)
**대표전화**   031-848-8007    **팩스**  031-848-8006
**전자우편**   thebom21@naver.com
**블로그**     blog.naver.com/thebom21

ISBN 979-11-88522-37-8  03320

# 추천사
# 만화 '드래곤볼' 세대를 위한 재미있는 경영학 토크

보통 고전古典이라 하면 역사적으로 그 위치가 인정되는 작품뿐만 아니라 후세 사람들에게 계속해서 영향력을 행사하는 작품을 가리킨다. 때문에 시기를 불문하고 이러한 고전을 숙지하려는 노력은 끊이지 않고 계속되었다. 동시에 이러한 고전을 다른 각도에서 소개하려 하는 시도 역시 줄곧 이어져 왔다. 논어·맹자·중용·대학과 같은 사서四書를 글을 잘 모르는 사람들에게 이해시키기 위한 목적으로 현실의 사례를 들어 설명하는 것이 그 시작이었다면, 이제는 현실의 다양한 주장들에 대해 사람들의 신뢰감이 떨어지는 상황에서 권위를 부여하기 위해 고전을 인용하는 것으로 그 추이가 달라지고 있다.

그렇다면 '드래곤볼'은 고전일까? 드래곤볼은 1984년부터 12년간 연재되었고, 연재 종료된 지 30여 년이 지난 만화이다. 내공은 '소위' 고전들과 다를지 모르지만, 출판계에서 이미 역사의 한 페이지를 장식한 그런 출판물이다. 결국 일시적 베스트셀러라기보다는 온갖 비평을 이겨내고 남아서 애독되는 작품인 것만은 분명하다. 사실 고전이 꼭 중국의 오경五經이나 호메로스와 같은 작품일 필요는 없을 터. 따라서 드래곤볼도 고전의 자격 요건을 갖추었다고 할 만하다.

사실 드래곤볼의 내용을 잘 이해시키기 위해 '경영'이라는, 어찌 보면 구미가 당기는 주제를 사용했다고 보기는 어렵다. 그 보다는 경영이라는 주제를 더 잘 이해시키기 위한 수단으로 고전에 준하는 드래곤볼을 활용한 것이다. 게다가 드래곤볼을 열독했을 사람들은 이제 조직의 중추를 든든하게 받드는 40대에 접어든 상황이니, 경영의 주요 내용을 제대로 전달하고자 하는 의도에 아주 잘 맞아떨어지는 고전의 선택이라고 할 수 있겠다.

경영 이론은 매우 복잡한 듯 보이지만 아주 단순하다. 조직의 목표 설정을 위한 상황파악, 목표 달성을 위한 자원 배분, 그리고 목표달성 확인이 그것이다. 또한 경영은 크리에이티브이다. 정해진 룰이 있는 것 같지만, 현실은 계속해서 변모하는 것이 바로 경영환경이고, 각 상황에 맞는 대처를 해나가야만 하기 때문에 항상 풍부한 상상력을 가져야 한다. 그런데 이러한 상상력을 키울 수 있도록 나름 방향을 제시해주는 것들이 어찌 보면 고전의 역할이기도 하다.

저자도 프롤로그에서 밝혔듯이, 이 책은 드래곤볼의 에피소드와 캐릭터 분석을 통해 우리가 비즈니스를 할 때 생각해봐야 할 다양한 주제들을 살펴보고, 적용해 볼 만한 비즈니스 인사이트를 정리한 것이다. 또한 책의 곳곳에서 드래곤볼이라는 만화가 독자들에게 사랑받고 성공할 수밖에 없었던 여러 가지 이유를 함께 보여주고 있다. 그런 점에서 경영의 현안에 직면한 사람들이 충분히 공감할 수 있고 적용해 볼 수 있다.

그런데 한 가지 남는 질문은 드래곤볼을 한 번도 보지 않았던 사람들은 그럼 어떻게 해야 하나이다. 하지만 그렇게 큰 고민은 하지 않아도 될 듯하다. 본문 전체에 걸쳐서 드래곤볼의 스토리가 어떻게 전개되는지, 무엇을 지향하는지 아주 분명하게 잘 설명해주고 있다. 어차피 드래곤볼은 '드래곤볼 7개를 모으는 것'이 그 내용이고, 그 목표를 달성하기 위해 각 캐릭터들이 어떤 우여곡절을 겪는지를 보여주는 만화이다. 이 상황을 고스란히 현재 개인이 처한 경영의 이슈와 오버랩해서 생각해보면 답은 분명해진다. 놓치지 말아야 할 것은 이 책은 '경영'이라는 것을 설명해주기 위한 목적으로 쓰인 것이란 점이다. 드래곤볼은 이를 이해시켜주기 위한 장치이다.

**강기두**(숭실대 경영학과 교수)

# 차례

# 프롤로그

〈드래곤볼〉은 1984년부터 1995년까지 일본 집영사集英社(슈에이샤)의 대표 만화 주간지 〈주간 소년 점프〉를 통해 연재된 만화다. 연재 당시 일본 출판 만화 역사상 최초로 총판매 부수 1억 부를 돌파하며 기네스 등재, 전 세계 70개국과의 라이선스 계약, 2002년과 2003년 전 세계 인터넷 검색어 순위 종합 랭킹 1위, 관련 굿즈 판매 수익 30조 원 등 출판계의 신기원을 이룩한 작품이다.

연재 종료 후 20년이란 세월이 훌쩍 지나고, 〈드래곤볼〉을 즐겨 보던 당시 10대들은 어느덧 40대로 접어드는 나이가 됐다. 그럼에도 불구하고 이 작품을 지금 시점에서 새롭게 조명해 보는 이유는 단지 〈드래곤볼〉이 세운 다양한 숫자적인 기록 때문만이 아니다. 단순한 만화의 수준을 뛰어넘어 이 작품이 비즈니스와 조직에 주는 영감과 통찰력 있는 메시지 때문이다.

한 가지 생각해 볼 것은 〈드래곤볼〉에 나타나는 다양한 설정들이 연재가 한창이던 80년대나 90년대보다, 오히려 변화와 불확실성으로 대변되는 현 시점의 비즈니스 환경과 더욱 유사하다는 점이다. 적을 쓰러뜨리면 더욱 강한 적이 계속 등장하고, 치열하게 수련을 쌓지 않으면 도태되고 마는 〈드래곤볼〉의 환경은 끊임없이 등장하는 경쟁 기업과 지속적인 혁신 없이는 살아남을 수 없는 현재의 비즈니스 환경과 매우 비슷하다. 어제의 동지가 오늘의 적이 되거나, 어제의 적과도 이익에 따라 과감하게 손을 잡는 글로벌 경쟁시대의 역학 관계는 강한 적을 상대하기 위해 적군과 아군이 손을 잡는 〈드래곤볼〉 캐릭터들의 선택과 유사하다.

드래곤볼과 비즈니스 세계를 연관 지을 수 있는 또 다른 이유는 비단 환경의 유사성뿐만이 아니다. 드래곤볼이 내포한 메시지가 기업과 조직에 다양한 경영학적 통찰과 지혜를 제공하기 때문이다.

성공하는 기업은 공정한 경쟁을 통해 성장한다. 공정한 경쟁을 위해 조직 내 시스템을 구축하고 조직 문화를 바로 세우기 위해 집중한다. 주인공 손오공은 아무리 강한 적과 상대할지라도 공정한 상태에서 전투한다. 상대가 부상을 입었을 때는 한 번 먹으면 10일 동안 굶어도 괜찮다고 하는 신비의 콩인 선두를 나눠주고, 상대가 최상의 기량을 펼칠 때까지 기다린다.

성공하는 기업은 최신 경영 전략이나 새로운 조직 문화를 도입하는 것이 아니라, 핵심 역량과 핵심 가치에 집중함으로써 성장한다. 손오공은 화려한 필살기나 비기를 익히는 것이 아니라, 중력 훈련을 통해 기초 체력을 단련함으로써 강해진다.

이 책은 드래곤볼의 에피소드와 캐릭터 분석을 통해 우리가 비즈니스에서 고려해야 할 다양한 주제들을 살펴보고, 적용해 볼 만한 비즈니스 인사이트<sup>insight</sup>(통찰력)를 정리한 것이다. 기업과 조직은 〈드래곤볼〉을 통해 새로운 관점으로 비즈니스를 바라볼 수 있을 것이다. 또한 굳이 경영 관련 산업군에 종사하지 않더라도 비즈니스라는 다소 딱딱할 수 있는 주제를 〈드래곤볼〉이라는 만화에 접목시켜 누구나 쉽고 재미있게 읽을 수 있도록 하였다.

"7개의 드래곤볼을 모아서 주문을 외우면 말이야…… 용신龍神, 즉 용의 신이 나타나 어떤 소원이라도 하나만은 반드시 들어준다는 거야. 아주 오래 전에 이 드래곤볼을 다 모은 사람은 왕이 되었대."

손오공과 부르마는 이렇게 드래곤볼을 찾는 여행을 시작한다. 그럼 이제 우리도 드래곤볼을 찾는 여정에 동참할 시간이다. 7개의 드래곤볼을 찾아 내가 속한 조직을 위해 어떤 소원을 빌 것인지 생각해 보면서 말이다.

# 1장

## 드래곤볼에서 배우는

# 경영 전략

# 1
# 단순함으로 성공한
# 드래곤볼

드래곤볼 코믹스 단행본 매 첫 장은 항상 등장인물과 지난 줄거리로 시작된다. 재미있는 것은 이 첫 장의 줄거리 페이지는 바로 전편의 줄거리나 최근 줄거리부터 이야기하는 것이 아니라, 1권의 처음 줄거리부터 최근에 일어난 줄거리까지 12년간 연재해온 모든 줄거리를 얘기해주고 있다는 것이다. 코믹스 단행본 마지막 권인 42권의 줄거리를 살펴보자.

"아주 먼 옛날, 7개를 모으면 용신이 나타나 소원을 들어준다는 드래곤볼을 찾아 여행을 하던 손오공은, 대모험 끝에 모든 구슬을 모은다. 그렇지만 나쁜 곳에 쓰일 뻔했기 때문에, 엉터리 소원을 말하고는 소원을 이룬다. 용신은 한 번 소원을 들어주면 1년 이상 나타나지 않는다. 그동안 거북신선 밑에서 수련을 쌓은 손오공은, 다시 드래곤볼을 찾아 여행을 떠난다. 시간이 흐르고 ……(중략)…… 이제 부우를 쓰러뜨리기 위해서는 손오공밖에 없다. 15대 전 계왕신으로부터 생명을 얻은 손오공은 부우에게 도전하는데……."

드래곤볼이 결말을 향해 치닫는 마지막 단행본임에도 불구하고, 이 '지난 줄거리' 세션에서는 드래곤볼이 무엇을 뜻하는지, 초창기 설정이었던 드래곤볼을 찾아 떠나는 모험 이야기, 그리고 최근에는 어떤 일이 있었고, 이제부터 어떤 이야기가 진행될지를 반 페이지에 걸쳐 함축적으로 설명해 준다. 그리고 '등장인물 소개'란을 통해 각 권에 등장하는 캐릭터들의 이름과 그림을 그려 넣어 소개한다.

토리야마 아키라鳥山明(드래곤볼 원작자)는 〈소년 점프〉와의 인터뷰에서 이런 이야기를 한 적이 있다.

"토리야마 씨 만화에는 메시지가 그다지 없는 것 같은데, 이유가 무엇인가요?"

"제 만화는 철저히 오락이라는 역할에 충실한 만화입니다. 한시라도 즐거운 시간을 보낼 수 있다면 굳이 뭘 남겨두지 않아도 된다고 생각하기에 의식적으로 메시지를 전하려고 하지 않습니다. 메시지라면 다른 만화가 분들이 그려주시잖아요."

즉 토리야마는 이런 자신의 작품 철학 때문에 누구나 접근하기 쉽고 심심할 때 잠시 들여다본 후 자리를 털고 일어나도 될 만큼 단순하고 직관적으로 만화를 그렸다. 각 코믹스 단행본마다 줄거리, 등장인물을 소개한 것은 드래곤볼을 처음 접하는 독자들도 쉽게 스토리에 몰입할 수 있도록 돕기 위함이었다.

실제로 90년대 후반까지 동네 피아노학원이나, 이발소에 가면 드래곤볼 단행본을 한두 권 정도는 쉽게 볼 수 있었는데, 스토리가 단순하고 전개가 빨라 드래곤볼을 전혀 모르는 사람도 순서에 상관없이 잠깐 시간을 내서 충분히 재미있고 가볍게 볼 수 있었다. 이러한 특징은 '드래곤볼'이라는 브랜드를 대중에게 인식시키는 데 큰 도움이 됐다.

이러한 드래곤볼이 보여준 제품 인터페이스와 콘텐츠 구성은 비즈니스에 큰 영감을 준다. 쉽게 말하면 고객이 쉽게 사용할 수 있는 단순한 제품과 서비스가 중요하다는 것이다. 최근의 트렌드인 미니멀리즘과 세련되고 간결한 디자인을 추구하는 소비자 성향이 맞물림에 따라 단순한 제품이 인기를 얻고 있다. 이에 맞추어 기업도 다양한 기능으로 무장한 제품에서 단순한 기능의 제품으로, 복잡한 외관에서 최소한의 디자인으로 전략을 바꿔 변화에 대응하고 있다.

애플Apple의 전자 제품부터 소프Soap Co.의 비누, 소르시Sourcy의 생수까지 모든 제품들이 미니멀리즘을 표방하면서 쏟아지고 있다. 하지만 디자인만 단순하게 바꾼다고 해서 소비자의 선택을 받는 것은 아니다. 성공하는 제품은 단순한 외형 안에 그 이상의 무엇을 가지고 있다. 단순함 속에도 차별화된 단순함이 있다는 것이다. 그렇다면 성공하는 제품은 어떤 단순함을 가지고 있을까?

첫째, 단순하되 소비자의 니즈<sup>needs</sup>(요구)가 반영된 단순함이다.

복잡한 기능을 없애고, 디자인을 단순화하는 것으로는 부족하다. 소비자가 필요로 하는 기능을 갖춘 단순함이 필요하다. 2009년 마이크로소프트<sup>Microsoft</sup>는 애플의 아이팟<sup>iPod</sup>이 할 수 있는 모든 기능을 녹여내겠다면서 MP3 플레이어인 준<sup>Zune</sup>을 시장에 출시했다. 아이팟의 대항마답게 깔끔한 외관과 단순한 UI 등 트렌드에 맞는 단순한 디자인으로 승부수를 걸었다. 하지만 마이크로 소프트가 만들었다는 이슈 외에는 큰 주목을 받지 못하고 보기 좋게 실패하고 만다. 단순히 음악 감상을 넘어선 멀티미디어 기기로의 시대 전환기에 소비자의 니즈를 파악하지 못하고 아이팟이 보여준 앱 생태계를 구현하지 못했던 까닭이다. 실패의 요인에 대해 마이크로소프트는 소비자의 니즈와는 상관없이 애플만 쫓아가려 했음을 시인했다.

단순한 제품을 만든다고 해서 개발 과정까지 단순한 것은 아니다. 오히려 더 많은 노력과 시간 투자가 필요하고, 더 복잡한 생각이 요구된다. 의미 있는 단순함을 위해서는 소비자에 대한 더욱 깊은 이해가 필요하다. 소비자가 무엇을 중요하게 생각하는지 알아야 무엇을 남기고, 무엇을 뺄 것인지 알 수 있기 때문이다.

그런데 문제는 제품을 개발하는 기업들이 소비자의 숨어 있는 욕구를 파악하기 어렵다는 데 있다. 하버드대 제럴드 잘트먼<sup>Gerald</sup> <sup>Zaltman</sup> 교수의 연구에 따르면 말로 표현되는 니즈는 5%에 불과하다고 한다. 즉 소비자 자신들도 알지 못하는 숨겨진 니즈가 있기 때문에 그것을 파악하는 것이 중요하다는 것이다. 이를 위해 기업은 소비자들의 제품 사용 행태를 관찰해 분석 결과를 반영하거나 프로토타입<sup>Prototype</sup>(본격적인 상품으로 나오기 전 성능을 검증, 개선하기 위해 제작하는 시제품)에 대한 소비자의 피드백을 적용하는 등 숨겨진 니즈를 찾아내 이를 반영하려는 노력이 필요하다.

드래곤볼의 성공 이면에는 독자들의 니즈를 철저히 반영한 부분이 있었다. 〈주간 소년 점프〉(드래곤볼이 연재됐던 만화 주간지)의 편집장 나가노 타다스<sup>長野正</sup>는 잡지에 독자 설문 엽서를 붙여서 정기적으로 독자들의 피드백을 받았고, 토리야마 아키라는 독자 코너를 통해 들어온 의견을 반영하여 스토리를 구성했다. 따라서 단순히 심플한 플롯으로 구성된 콘텐츠기 아니리 충분히 공감할 수 있는 스토리 구성을 통해 독자들의 호응을 이끌어 냈던 것이다.

둘째, 제품 안에 기업의 가치를 담아내는 것이 필요하다.

제품만 단순하게 만드는 것이 아니라 그 안에 기업과 브랜드의 가치가 녹아 있어야 한다. 드래곤볼에서는 다른 만화들이 일반적으로 보여주는 사랑, 우정, 정의 같은 메시지와 교훈은 찾아볼 수 없다. '순수한 오락을 추구한다'는 작품의 철학에 따라 스토리의 전개를 단순화했기 때문이다.

최근 미니멀 디자인으로 각광을 받고 있는 일본 생활용품기업 무인양품無印良品의 성공 비결은 제품에 담은 가치에 있다. 무인양품은 기존의 소비문화에 반하는 철학을 가지고 회사를 시작했다. 스타들의 이미지를 통해 남에게 보여주기 위한 소비를 부추기는 것이 아니라 나답게 살기 위한 물건을 만든다는 생각을 관철시켰다. 이런 신념에 따라 제품에 불필요한 기능이나 특징은 넣지 않았다. 디자이너 채용 공고에도 '디자인을 하지 않는 디자이너 모집'이라는 문구를 삽입했다. 별다른 마케팅도 하지 않았다. 그럼에도 불구하고 큰 성공을 거둘 수 있었던 이유는 결국 소비자들이 기업의 진정성과 가치가 반영된 제품에 손을 들어 줬기 때문이다. 그리고 이것이 단순함에 가치를 담아야 하는 이유인 것이다.

드래곤볼은 단순한 만화 수준을 뛰어넘어 일본의 국가 기반 산업을 견인한 슈퍼 콘텐츠이다. 연재가 종료된 지 20년이 넘은 지금까지도 애니메이션, 게임 등 다양한 미디어 믹스가 재생산되고 있을 정도의 성공을 이룬 작품이다. 이러한 성공의 핵심에는 독자들의 니즈와 작품의 철학이 담겨 있는 단순함이 있었다. 이제 기업들은 단지 제품을 단순화하기에 앞서 제품에 어떤 니즈를 반영할 것인지, 어떤 가치를 담을 것인지를 먼저 고민해야 할 것이다.

★★

# 2
# 셀과 마인 부우가
# 손오공을 이길 수 없는 이유

세계 정복을 꿈꾸는 닥터 게로는 손오공에게 대항하기 위해 생체형 인조인간 개발에 몰두한다. 그는 전투 달인들의 세포를 모아 인조인간 연구를 시작했지만, 시간이 너무 오래 길러 중도에 연구를 단념한다. 하지만 그의 지능을 이식한 컴퓨터는 계속 연구를 진행시켜 이 프로젝트를 완성시킨다. 스파이 로봇으로 채취한 손오공, 피콜로, 베지터, 프리저, 콜드 대왕의 세포를 융합해 가장 강력한 궁극의 생명체를 완성시킨 것이다. 이 인조생명체가 바로 드래곤볼 3대 보스 중 한 명인 '셀'이다.

셀은 다양한 세포들의 유전자로 만들어졌기에 피콜로의 재생 능력, 크리링의 기원참(손바닥을 쫙 편 뒤 그 위로 회전톱날처럼 생긴 둥글고 얇은 원반 모양의 기공파를 만들어 던지는 기술), 천진반의 기공포(양 손을 맞대어 마름모 모양을 만들어 강력한 기를 발사하는 기술) 능 Z전사(손오공을 중심으로 한 아군측 전사)들의 기술을 그대로 사용한다. 이론상으로는 원기옥(손오공의 필살기)까지 사용 가능하다고 한다. 실제로 셀은 피콜로와 싸우면서 손오공의 대표 기술인 에네르기파를 사용해 피콜로를 당황시켰고, 위기에 처하자 천진반의 기술인 태양권을 사용해 도망가는 모습을 보였다. 상대방의 기술을 흉내 내는 능력은 셀 이후에 등장하는 드래곤볼 최후의 적인 마인 부우까지 연결된다. 드래곤볼 475화를 보면 부우가 손오공이 에네르기파를 쓰는 것을 본 후 그대로 기술을 카피해 사용하는 장면이 나온다. 부우는 단 한 번 본 것만으로 상대의 기술을 완벽하게 구사할 줄 알았고, 이를 통해 Z전사들을 위기로 몰아넣었다.

비즈니스에서도 이와 같이 남의 기술을 그대로 흉내 내서 사용하는 전략이 사용되고 있다. 심지어 모방을 넘어 원조 기업을 능가하는 기업들도 나타났다. 원조 기업보다 가격을 낮추거나, 원조 기술에 새로운 기술을 더해 시장을 장악한 것이다.

'짝퉁 애플'로 불리던 샤오미는 창사 5년 만에 세계 3위 스마트폰 제조기업으로 성장했다. 미샤의 비즈니스 모델을 완벽히 차용한 더페이스샵은 미샤를 제치고 한국 화장품 기업 전체 매출 3위를 기록했다. 이처럼 모방전략을 통해 성공하는 기업들이 하나둘씩 늘어나면서 수많은 기업이 모방을 비즈니스 성장의 핵심 전략으로 삼고 시장에 뛰어들었다.

천진반의 기술을 사용하는 셀

미국 오하이오주립대 오데드 셴카$^{Oded\ Shenkar}$ 교수 연구팀은 2차 세계대전 이후 출시된 140개의 혁신 세품 중 84개의 제품이 모방에서 나온 제품임을 밝혀냈다. 이는 모방이 얼마나 기업 전략에 치중되어 있는지 보여주는 단적인 예로 이해할 수 있다.

기업들이 모방전략을 내세우는 데는 이유가 있다. 모방은 '거인의 어깨에 올라타는 방법'을 통해 선도 기업이 다져놓은 길을 그대로 따라 가기만 하면 되기 때문이다. 선도 기업이 이미 개척해 놓은 시장과 인프라, 소비자층에 숟가락만 얹어 묻어가면 적어도 큰 손해를 볼 일은 없기 때문이다. 이들은 이미 시장 검증을 통해 소비자의 니즈, 제품의 부적격성이나 기술적 부작용이 해소된 상황에서 진입하기 때문에 실패의 리스크에서 자유로울 수 있다.

그런데, 이러한 성공사례와 장점에도 불구하고 모방전략은 한계가 있을 수밖에 없다. 비즈니스 초기 역량이 부족한 기업이 모방을 통해 성공을 맛봤으면 그 다음은 혁신을 통해 더 큰 가치를 만들어 내야 다음 단계로의 진입이 가능하기 때문이다. 이것이 실패하면 결국 그 기업은 도태되고 만다. 성공과 실패의 결정적 차이를 만드는 것은 단순히 기술만의 문제가 아니라 기업의 정신, 오리지널리티<sup>originality</sup>가 갖는 진정성과 같은 기업의 내적인 요소와 지속적으로 혁신을 이뤄낼 수 있는 역량이기 때문이다.

모방 기업은 선도 기업을 재빨리 따라 해야만 수익을 낼 수 있다. 그럼에도 선도 기업의 아이덴티티, 기술적 노하우, 경영에 대한 경험까지 따라 할 수는 없다. 이것이 혁신이 없는 모방 기업이 결국에는 실패로 끝날 수밖에 없는 이유이다.

일본 이세탄<sup>伊勢丹</sup>백화점의 성공으로 오다큐<sup>小田急</sup>백화점, 메이테쓰<sup>名鐵</sup>백화점, 도큐<sup>東急</sup>백화점 등 수많은 백화점들이 이세탄의 비즈니스 모델을 따라 했지만 줄줄이 실패했다. 계절을 앞선 시즌 상품 배치, 전용 브랜드 런칭 등 경영 모델을 흉내 냈지만, 고객 중심의 서비스 마인드, 소비자 중심의 상품 개발 등 조직의 가치와 문화는 흉내 낼 수 없었기 때문이다.

우리나라의 경우에도 좋은 사례가 있다. MBC는 영국 BBC

One의 프로그램 '스트릭틀리 컴 댄싱'Strictly Come Dancing이 인기를 끌자 이를 가져와 '댄싱 위드 더 스타'Dancing With The Stars라는 댄스 프로그램을 제작한다. 하지만 처음의 화제성과는 다르게 회를 거듭할수록 인기는 사그라지고 한자릿수 시청률로 종영하고 말았다. 음악에 맞추어 춤추는 파티 문화를 가진 유럽 문화를 이해하지 못하고 포맷만 들여왔기 때문이다. 따라서 다수의 대중에게는 이질적으로 비춰질 수밖에 없었다.

모방 전략으로 성공한 기업은 다음 단계의 도약을 위해 새로운 창조를 해야 한다. 하지만, 자력에 의한 기술 연구와 독창적인 비즈니스 모델을 구축하기에는 역량이 부족할 수밖에 없다. 어느 순간 시장이 포화되고 더욱 높은 기술 수준이 요구되는 단계에 이르면 결국 모방 기업은 도태되고, 새로운 가치를 창출하는 조직만 살아남게 된다. 따라서 기술의 변화가 제품의 라이프 사이클보다 빠르게 일어나는 현대 비즈니스 환경에서는 결국 모방이 아닌 혁신을 주도하는 선도 기업이 우위를 차지하게 되는 것이다.

하버드대 연구교수 로버트 하그로브Robert Hargrove는 인터뷰를 통해 한국 기업들에게 다음과 같은 메시지를 전달했다.

"한국은 막다른 길에 다다랐다. 모방전략으로는 더 이상의 큰 경제 성장을 이룰 수 없다. 카피캣 전략은 예측 가능한 결과만 낼 수 있고 점진적인 발전만 가능할 뿐이다. 한국은 모방해서 더 낫고 빠르고 싸게 만든다. 하지만 이런 전략은 미래에 한 자리 숫자의 성장만 가져올 뿐이다. 두 자리 숫자의 빠른 성장을 견인했던 과거는 기대할 수 없는 것이다. 따라서 모방 기업 문화에서 게임 자체를 바꾸는 문화로 변해야 한다. 한국의 비즈니스 리더들은 게임을 바꾸는 리더들이 되어야 한다."

마인 부우는 손오공에 의해 궁지에 몰리자 오천크스의 기술이었던 '슈퍼 고스트 자폭 어택'을 사용하지만 아무런 소용이 없었다. 손오공은 부우의 공격을 기공탄으로 가볍게 맞받아치며 '어린 애들이나 쓰는 기술'이라며 조롱까지 한다. 기술의 니즈와 타깃을 이해하지 못한 채 무분별한 기술 카피에만 집중했기 때문이다.

이제 모방으로 성공의 지름길을 가던 시대는 저물고 있다. 창조적 모방, 재빠른 2등 전략을 고수하던 기업들은 이제 창조적 시도, 느린 1등 전략으로 노선을 변경해야 한다. 드래곤볼의 수많은 적이 Z전사들이 사용하는 기술을 그대로 카피해 사용했음에도 손오공을 뛰어넘지 못했듯이, 모방전략으로는 더 이상 혁신 기업을 따라잡기 어렵기 때문이다.

# 3
# 단순하게 진화하는
# 드래곤볼의 변신

드래곤볼은 500화가 넘는 에피소드로 구성되어 있지만, 전체적인 스토리 라인은 매우 일정한 패턴을 유지하고 있다. 강한 적이 나타난다. 수련을 통해 강해진다. 적을 물리친다. 더 강한 적이 나타난다. 더 열심히 수련한다. 적을 물리친다. 이러한 패턴이 끝날 때까지 반복된다.

토리야마 아키라는 2003년 〈소년 점프〉에서 드래곤볼 캐릭터들의 변신에 관한 인터뷰를 한 적이 있다.

"싸우는 만화를 그릴 때 강한 적이 계속 나타나야 하는 것은 당연합니다. 새로운 적이 나타났을 때 전보다 약한 적이 나타나면 독자들은 만족하지 못할 것입니다. 따라서 주인공 손오공은 빠르게 파워 업<sup>Power up</sup>을 할 필요가 있었죠. 변신은 그림에 변화를 주면서 독자들에게 '더욱 강해졌다'라는 이해를 쉽게 하기 위함이었습니다."

즉 Z전사는 물론이고 대다수의 악당들까지 끊임없이 변신을 해왔던 이유는 캐릭터들의 성장을 가시적으로 보여주기 위한 장치였던 것이다.

변신은 비단 외형적인 부분에 국한되는 것은 아니었다. 일단 변신을 하면 캐릭터들의 성격이나 말투까지도 변했는데, 이 또한 이전과는 차별화된 성장을 이뤄냈음을 보여주는 장치로 사용되었다. 예를 들면 손오공은 평소 일본 나고야名古屋와 도호쿠東北 사투리가 혼합된 동북지방 사투리를 쓰다가 초사이어인이 되면서부터는 갑자기 표준어를 구사하면서 호전적으로 성격으로 바뀐다.

드래곤볼에서 캐릭터들의 변신은 다양한 형태로 나타난다. 전설의 전사라고 불리는 초사이어인을 시작으로 초사이어인의 벽을 넘어 버렸다는 초사이어인 2단계, 벌크 업을 통해 더 강한 파워를 낼 수 있는 초사이어인 3단계에 이어 마지막 형태인 초사이어인 4단계까지 계속 강해지는 적들을 변신으로 맞대응한다.

적들도 마찬가지다. 프리저를 시작으로 마인 부우에 이르기까지 적들은 수없이 형태를 변형시키며 막강한 힘을 과시했다. 드래곤볼의 대표 악당인 프리저의 3단 변신, 그리고 3단계에 걸쳐 진화하는 셀 등이 그 예이다.

프리저 1단계 변신　　프리저 2단계 변신 　·　　　　프리저 3단계 변신

　　드래곤볼의 변신에는 일정한 패턴이 있다. 초기 파워 업을 위한 1단계 변신, 외형적으로도 미완성임을 보여주는 과도기 상태의 2단계 변신, 그리고 최종 진화 상태인 3단계 변신이다. 한 가지 유념해야 할 부분은 모든 캐릭터들의 변신 중 마지막 단계는 가장 단순한 형태로 변한다는 점이다.

　　프리저의 1단계 변신은 뿔이 위협적으로 변하면서 체형이 거대해지고 말투가 거칠어지고, 2단계 변신은 에이리언 머리 형태의 기다란 머리통을 특징으로 하지만, 마지막 3단계 변신은 가장 단순한 형태의 모습을 띤다. 프리저가 최후의 변신을 선언하고 기를 모으고 있을 때 크리링은 더욱 기괴하고 무서운 모습을 상상했지만, 예상과는 달리 마지막 변신은 체구가 작아지고 뿔과 피부의 줄무늬 패턴이 없어진 간결한 모습이었다. 이에 크리링은 "작고 말쑥한 모습이네"라고 말하며 단순해진 외형에 놀라는 반응을 보였다.

주인공 캐릭터들도 마찬가지다. 초사이어인 4단계의 최종 모습은 이전 단계에서 보이던 전신을 감싸던 불꽃 아우라가 사라져 평소와 같은 외형으로 변하고, 말투도 변신 이전의 사투리를 구사한다. 이는 파워 업을 위한 과도기적 변신을 뛰어넘어 최종적인 안정화 단계로 진입했음을 보여준다. 즉 아무런 부담감 없이 일상에서도 초사이어인의 상태를 유지하면서 몸의 부담을 최소화하는 한편, 능력은 최대치로 활용 가능한 최적의 상태인 것이다. 따라서 드래곤볼 설정집에 보면 이 변신 단계의 공식 명칭이 '풀파워 초사이어인'フルパワー超サイヤ人으로 기술되어 있다.


드래곤볼에서 파워 업을 위한 변신이 종국에는 가장 단순한 형태로 돌아왔다는 사실은 비즈니스 업계에서도 시사할 부분이 있다. 비즈니스에서도 가장 강함은 가장 단순함의 형태로 나타나기 때문이다.

조직, 제품, 서비스, 프로세스는 비즈니스가 성장하고 시간이 지남에 따라 점점 복잡해진다. 따라서 의도적으로 단순함을 추구하고 관리할 때 가장 큰 효율과 성과를 낼 수 있다. 톰 피터스Tom Peters는 그의 저서 《초우량 기업의 조건》In Search of Excellence에서 탁월한 기업의 특징을 설명하기 위해 '단순함'이라는 단어를 50회 이상 사용했다. 초우량 기업은 그냥 놔두면 점점 복잡해지는 자연스러운 변화를 막기 위해 단순화시키는 것에 중점을 두는 기업이라는 것이다. 즉 복잡해 보이는 문제를 단순해질 때까지 고민하며, 복잡한 프로세스를 단순하게 개선하고, 제품과 서비스의 군더더기를 제거하는 것이 비즈니스에서의 파워 업인 것이다.

가장 단순한 형태로 남겨진 것이 비즈니스의 핵심이고 본질이다. 따라서 이것에 집중하기 시작하면 기업은 성과를 낼 수밖에 없다. 유럽판 다이소로 불리는 독일의 초저가 할인 매장 알디<sup>ALDI</sup>는 18개국에 9,000여 개의 점포를 가진 글로벌 기업이다. 2014년 18개의 유통업체가 파산했고, 월마트와 테스코도 실적 부진에 따라 세계 곳곳에서 사업을 철수했다. 하지만 알디는 이러한 불경기에도 불구하고 미국 진출 5년 만에 2배의 성장을 일궈냈다.

성공의 전략은 바로 단순함이었다. 알디는 1948년 창업 이래 수십 년간 판매 아이템을 단 600개로 제한했다. 구색 맞추기식 제품을 매장에 들이기보다 질 좋은 소품종 상품을 엄선해 초저가에 판매했다. 이러한 경영 철학과 단순한 제품 구성으로 세계적인 기업으로 성장할 수 있었다.

세계적 가구 제조 기업인 이케아<sup>IKEA</sup>도 마찬가지다. 이케아는 '많은 사람을 위한 더 좋은 생활을 만든다'는 경영철학에 따라 모든 의사 결정의 기준을 '경쟁사보다 싼 가격'으로 정하고 복잡한 경영 결정을 단순화시켰다. 그리고 '가구 공룡'이라는 별명을 얻으며 거대한 글로벌 브랜드로 성장했다.

그렇다면 조직에서는 단순함을 어떤 방식으로 실천할 수 있을까?

첫째, 보고서는 한 페이지로 작성한다.

실무에 가장 쉽게 적용해 볼 수 있는 단순함은 단 한 장으로 보고서를 작성하도록 연습하는 것이다. 수많은 정보가 단 한 장 안에 표현될 때 그 보고서는 세상에서 가장 강력한 힘을 지닌다. 극도로 정제된 표현과 간결한 정보를 통해 가장 강력한 메시지를 전달할 수 있기 때문이다.

미국의 〈독립선언서〉, 〈권리장전〉 등 역사적으로 위대한 문서들도 한 페이지로 작성되었다. 도요타는 직급과 부서에 상관없이 한 장짜리 보고서를 작성하게 했다. 그리고 이 방식을 통해 문제 해결 역량을 조직적으로 육성할 수 있었다.

한 장짜리 보고서는 작성 과정에서 무엇이 가장 중요한 메시지 인지 고민하게 한다. 복잡한 내용은 통합, 도식화하는 과정을 거쳐 결국 핵심만 남는다. 때문에 그 문서는 쏟아지는 문서의 홍수 속에서 독보적인 경쟁력을 갖게 된다. 그리고 무엇보다 한 페이지 보고서를 연습해야 하는 이유는 이를 작성하는 과정 자체가 결국 본질에 집중하는 사고의 힘을 기르는 과정이기 때문이다. 따라서 좋은 전략을 짜고, 제품을 단순화시키는 첫 단계는 한 페이지 보고서를 작성하는 힘에서부터 나오게 된다.

둘째, 규칙을 단순화한다.

단순한 규칙은 조직이 제한된 자원, 시간, 환경에 처하게 됐을 때 빠르고 올바른 판단을 할 수 있게 한다. 단순한 규칙은 외부 환경에 대해 유연한 대처를 가능하게 하는 동시에 일관성 있는 결정을 유지하게 돕는다. 그리고 이런 장점들이 합쳐져 조직으로 하여금 빠른 성과를 달성하게 한다.

최근 넷플릭스$^{Netflix}$는 콘텐츠 유통 사업에서 드라마와 영화 등을 자체 제작함으로써 대성공을 거뒀다. '넷플릭스 오리지널'이라는 명칭 아래 기획과 제작부터 배급 및 유통까지 모두 장악하고 독보적인 콘텐츠를 확보한 것이다.

이들 성공의 비밀은 단순함에 있었다. '최고의 인재를 채용하고 가장 많은 돈을 준 뒤 내버려 둔다.' 이 단순한 규칙은 기존 미디어 업계의 드라마 제작 상식을 뒤엎는 것이었다. 영화 〈파이트 클럽〉, 〈벤자민 버튼의 시간은 거꾸로 간다〉 등으로 잘 알려진 영화감독 데이비드 핀처$^{David Fincher}$를 드라마 감독으로 영입했고, 아카데미상을 수상한 배우 및 각본가 등 각 분야 최고의 전문가들로 팀을 구성했다. 그리고 감독에게 제작의 모든 것을 일임한 결과 OTT$^{Over-The-Top}$ 서비스 기업으로는 최초로 골든글로브, 에미상을 수상한 드라마 〈하우스 오브 카드〉$^{House of Cards}$를 내놓게 된다. 그리고 이 드라마의 성공 덕분에 넷플릭스의 주가는 3배 가까이 뛰었다.

단순한 규칙을 만드는 가장 쉬운 방법은 규칙의 개수를 제한하는 것이다. 규칙의 수를 제한하려고 고민하다 보면 비즈니스를 좌지우지할 중요한 사안은 불과 몇 가지에 지나지 않는다는 것을 알게 된다. 쓸데없이 규칙이 길어지는 이유는 핵심 사안에 대한 변수를 고려했을 때 생기는 지엽적인 부가조건이 끊임없이 생겨나기 때문이다. 모든 조직 구성원들이 규칙에 따라 의사 결정을 하고 규칙 기반으로 행동하는 원칙 중심의 비즈니스를 운영하기 위해서는 규칙을 잘 기억할 수 있어야 하고, 그러기 위해서는 규칙의 개수를 제한할 수밖에 없다.

단순한 규칙을 만들었으면 그 다음에 필요한 것은 용기이다. 단순화하는 데는 용기가 필요하다. 수많은 변수가 대두하는 급변하는 환경에 과연 단순한 전략이 성공할 수 있을까? 무엇인가 놓치는 것이 있지 않을까? 하는 수많은 걱정을 내려 놓아야 하기 때문이다. 몇 달에 걸쳐 완성한 사업계획서를 내려 놓을 수 있는 용기, 텍스트로 가득 들어찬 슬라이드를 버릴 수 있는 용기, 필요한 것을 위해 좋은 것을 버릴 수 있는 용기가 필요하다. 제너럴일렉트릭 GE의 잭 웰치Jack Welch는 "불안해하는 경영자가 복잡함을 만든다. 그들은 단순해지면 멍청하게 보일 거라고 우려한다"고 말한 바 있다. 단순함을 추구하기 위해서는 자신감과 용기가 필요하다는 이야기다.

시간이 흐를수록 기업의 구조는 마치 드래곤볼의 과도기적 변신 형태처럼 혼란스러워지고 복잡해진다. 따라서 의도적인 단순함을 통해 복잡성을 제거하고 조직의 효율을 높이고 생산성을 높이려는 노력이 필요하다. 드래곤볼에 등장하는 캐릭터들은 시간이 흐르고 파워 업을 할 때마다 복잡한 형태의 변신을 보여주었다. 하지만 최종 단계에 이르면 오직 효율적인 전투만을 위한 가장 단순한 형태로 남았다. 그리고 그들은 단순함에서 최고의 힘을 발휘할 수 있었다. 단순함을 지향하는 드래곤볼의 변신 원리처럼 복잡성의 관리와 단순함의 원리를 적용하여 가장 강한 조직을 만들 수 있다.

# 4
# 드래곤볼 연재에서 배우는 실행력

드래곤볼 단행본 1권에 보면 토리야마 아키라의 이런 코멘트가 나온다.

"드래곤볼의 무대는 어쩐지 중국풍의 냄새가 나지만, 특별히 중국이라는 설정은 하지 않았습니다. 시대도 정확히 정하지 않았습니다. 전체 스토리는 간단하게 되어 있지만, 세밀한 부분이나 라스트는 그때그때 되는 대로 만들어 갈 생각을 하고 있습니다."

시간이 흘러 원작자 토리야마 아키라, 드래곤볼 애니메이션의 각본가 코야마 타카오小山高生, 손오공의 성우 노자와 마사코野沢雅子가 3자 대담을 가졌다. 대담 도중 스토리 설정에 대한 질문이 나오자 토리야마는 이렇게 대답한다.

"대부분 생각하지 않았습니다. 우주인이라는 설정도 베지터가 올 때까지 생각하지 못했고, 큰 원숭이로의 변신도 처음엔 늑대인 간처럼 '변신만 한다'라고 생각했어요. 그런데 그리다 보니까 '손오 공이 우주인이었다'가 되어 저 스스로도 놀랐죠."

꽤 의외의 대목이다. 500편 분량의 에피소드가 유기적으로 연결되어 돌아가는 드래곤볼의 스토리를 보면 기승전결에 따라 처음부터 수많은 설정을 치밀하게 설계하고 이야기를 전개했으리라 생각하지만, 토리야마는 1회부터 사실 별다른 생각 없이 드래곤볼을 그려왔던 것이다. 큰 콘셉트만 잡고 바로 연재를 시작한 것이다. 심지어 액션 만화를 그리면서 싸움의 결과도 생각하지 않고 그리는 경우도 종종 있었다고 한다. 우리는 여기서 중요한 비즈니스 교훈을 얻을 수 있다.

'깊이 생각하지 말고 일단 빨리 시작하라!'

토리야마는 10년이 넘는 연재 기간 동안 단 한 번의 원고 펑크나, 연재 중단이 없었다. 더 놀라운 것은 문하생이나 변변한 어시스턴트조차 없이 혼자서 이 모든 것을 진행해 왔다는 것이다. 가끔 팬 터치 수준의 작업을 도와주는 아르바이트생이나 점프잡지사에서 붙여주는 어시스턴트 정도가 있었을 뿐이다. 그마저 나중에는 스케치 없이 펜션으로 바로 원고 작업을 했다. 토리야마가 이런 환경 속에서 매주 탁월한 결과물을 지속적으로 만들 수 있었던 비결은 바로 재빠른 실행력에 있었다.

'대충 생각하고 바로 그린다.'

복잡한 그림을 피해 가기 위한 설정으로의    전투의 주 배경 무대가 된 황야
대사

　이것이 토리야마의 전략이었다. 내용의 수정과 디테일은 편집
자의 몫으로 남겨뒀다. 스토리는 적당히 반응을 봐가며 방향을 바
꿔가며 연재했다.


　비즈니스에서도 완벽한 계획보다 빠른 실행력이 경쟁력을 갖는
다. 뛰어난 실행력은 성공과 실패의 결과를 빠르게 알려주고 수정
을 통해 빠른 성과를 가져온다. 역량 있는 경영자는 계획을 통해
실패를 줄인다. 하지만 위대한 경영자는 실행을 통해 결과를 만든
다. 경영학의 3대 구루로 불리는 톰 피터스Tom Peters는 성공한 기업
들은 계획보다 실행에 더욱 집중한다고 강조했다. 완벽한 계획을
통한 실행보다는 실행을 통해 계획을 보완하는 것이 성공할 확률
이 높다는 것이다.
　크라이슬러Chrysler의 CEO 아이어코카Lee Iacocca는 컨버터블 카를
만들라는 지시를 한다. 프로세스에 의한 개발에 익숙했던 수석엔

지니어는 이렇게 말한다.

"앞으로 9개월 안에 시제품을 만들겠습니다."

이에 아이어코카는 화를 내며 소리쳤다.

"당장 차로 가서 천장을 잘라 내세요!"

아이어코카의 성공 비결 또한 빠른 실행력에 있었던 것이다.

슈퍼 잼<sup>Super Jam</sup>의 CEO 프레이저 도허티<sup>Fraser Doherty</sup>는 잼을 팔아 스무 살에 140억 원의 연 매출을 이뤄냈다. 그는 슈퍼 잼의 성공을 빠른 실행력이라고 말한다. 작게 시작해 크게 키워낸 것이 성공 비결이었다. 그는 "거창하게 시작하려면 준비를 해야 하고 생각할 것이 많아진다. 작게 시작하면 리스크도 줄어들고 해야 할 일도 줄어든다"라고 말하며 비즈니스에서 가장 중요한 것은 빠른 실행력임을 강조했다.

그렇다면 실행력을 높이는 방법에는 어떤 것이 있을까?

첫째, 업무 프로세스를 단순화한다.

전략, 목표, 의사 결정 프로세스, 운영 절차 등 비즈니스의 핵심 요소를 단순화시키면 실행 가능성이 높아진다. 안 그래도 복잡한 것을 더욱 난해하게 만드는 것이 대단한 전략이나 계획은 아니다. 모든 비즈니스 환경을 단순화시켜야 한다. 제너럴일렉트릭<sup>GE</sup>이나 미국 대표 철강 기업 누코<sup>Nucor</sup>는 혁신의 노하우는 단순화라는 경영 철학을 가지고 조직 계층 구조, 의사 결정 구조 단순화, 업무 프로세스 단순화를 통해 세계적인 기업이 됐다.

토리야마 아키라는 빠른 결과물을 위해 모든 업무 프로세스를 단순화했다. 작업 시간이 오래 걸리는 스크린 톤은 아예 사용하지 않았다. 그림은 펜과 먹칠로만 그렸다. 컬러잉크 사용도 자제했다. 사인펜의 잉크를 물에 희석해 사용했다. 잉크가 떨어지면 밖에 나가 사 와야 하기 때문이다(토리야마는 연재 당시 도시가 아닌 아이치현愛知県에 거주하고 있었으므로 용품을 사러 가기 위해서는 많은 이동 시간이 필요했다). 배경에 도시는 그리지 않았다. 그릴 때 시간이 오래 걸리기 때문이다. 도시를 그려도 3컷 만에 부숴 버렸다. 심지어 "도시가 파괴되면 안 되니까 이동하자!"라는 대사를 통해 복잡한 그림을 피해 그렸다. 전투의 배경으로 항상 황야만 나오는 이유다. 손오공의 머리를 검게 칠하는 것이 어려워 초사이어인은 금발로 만들고, '시간과 정신의 방은 원래 아무것도 없는 방이다'라는 설정을 통해 백지로 남겨졌다.

둘째, 직관력을 높인다.

순간적인 판단은 빠른 실행으로 이어진다. 직관력은 대부분 논리로 설명하기 어렵다. 찰나의 결정이며 신속하고 빠르면서 좋은 선택을 가능하게 하기 때문이다. 이것은 연상이나 추리 등의 사유 작용을 거치지 않고 바로 결과를 내어버리는 능력이기에 아무나 할 수 있는 것이 아니라고 생각한다. 하지만 직관력은 선천적인 능력이 아니다. 후천적인 노력, 다양하고 오랜 경험, 지식의 축적을 통해 종합적인 판단력이 향상되는 것이다. 그것이 빛의 속도 만큼

빨라지면 우리는 그것을 직관력이라고 부르는 것이다. 이것이 오랜 경험과 지식을 쌓은 전문가들이 자신의 분야에서 놀라운 직관력을 발휘할 수 있는 이유이다. 따라서 직관력을 높이기 위해서는 충분한 경험과 기술을 쌓는 것이 중요하다.

토리야마 아키라가 매주 연재 마감을 놓치지 않고 참신한 콘텐츠를 지속적으로 선보일 수 있었던 것은 직관력을 통해 끊임없이 스토리를 연결하고 붙이는 작업이 가능했기 때문이다. 그리고 그 직관력의 원천에는 수없이 많은 습작이 있었다. 토리야마는 신인 시절 점프 잡지의 신인 작가 응모에 도전했지만 번번이 입상조차 못 하고 떨어졌다. 하지만 그는 "아직 서툴긴 하지만 어찌 될지 모르니 더 그려 보내주세요"라는 점프 편집담당자의 전화를 받고 투고 원고가 받아들여질 때까지 수백 장의 원고를 지속적으로 투고했고, 이런 반복적인 경험을 통해 만화가로서의 충분한 역량을 기를 수 있었다.

비즈니스에서도 마찬가지다. 충분한 경험은 불확실한 환경에서 최상의 의사 결정을 내리는 직관력의 밑바탕이 된다. 인천공항공사가 이라크 아르빌 공항과 위탁 운영을 계약하던 당시 이라크전과 테러의 위험으로 대부분 사람들의 의견이 부정적이었다. 내부 보고서에는 부정적인 내용으로 가득차 있었다. 하지만 이채욱 사장은 직원을 파견해 계약을 하기로 최종결정했다. "100%의 완벽한 정보를 얻기는 힘들기 때문에 70%의 자료와 30%의 직관력으로 신속하게 처리한다"는 그의 경영 철학에 따라 내린 의사 결정이었다. 그는 다양한 경험을 통해 상황을 종합적으로 파악하는 안목을 길렀으며, 직관력을 통해 빠르고 정확하게 조직을 운영할 수 있었다. 그의 결정은 결국 중동에 항공 소프트웨어 수출을 함으로써 국가 경쟁력을 기르는 발판이 되었다.

토리야마는 작품을 연재하는 방식에 대해 이렇게 설명한다.

"독자들이 잊어 버렸을 것 같은 것들, 예를 들면 인조인간 편에 나오는 레드리본군이라든가, 독자들은 그걸 보고 '아! 원래 그런 의미가 있었구나!'라고 생각하지요. 사실은 없었거든요. 뭐, 처음에 좀 여유 있게 생각해 뒀으니까 나중에 응용하기가 쉽지요. 처음부터 제대로 전개를 하다 보면 옆길로 새어버렸을 때 손을 못 대게 되어 버리거든요."

이처럼 매주 놀라운 창작물을 지속적으로 생산해 낼 수 있었던 비결은 치밀한 계획에 있지 않았다. 오히려 대충 계획하더라도 무작정 연재하는 빠른 실행력에 있었다. 망설이는 일이 있다면 바로 시작해 보자. 설령 실패하더라도 빠른 실패를 더 큰 성장의 발판으로 삼을 수 있다.

# 5

# 전략적 제휴로 승리한 프리저전戰

드래곤볼 프리저 편에는 서로 다른 목적을 가진 세 그룹이 서로 드래곤볼을 탈취하려는 다이내믹한 역학관계를 보여준다. 드래곤볼을 통해 영원한 생명을 얻고 프리저를 없애려는 베지터, 드래곤볼이 없어진 지구에서 야무치를 비롯해 사이어인들에게 죽음을 당한 사람들을 되살리기 위한 크리링과 손오반, 그리고 베지터와 같이 영원한 생명을 원하는 프리저의 이해 관계가 서로 얽혀 드래곤볼을 찾는 게임을 시작한 것이다.

프리저 편이 드래곤볼에서 중요한 이유는 등장인물들이 같은 목적을 위해 서로 경쟁하기 시작하면서 작중 인물 관계가 새롭게 재편성되는 시기이기 때문이다. 프리저 편을 기점으로 서로가 서로의 적인 관계에서 절대 강자 프리저와 이를 저지하려는 편으로 이원화된다. 베시터는 나메크성에 오기 바로 직전까지는 Z전사들이 모두 힘을 모아 대적해서 겨우 물리친 악당이었으나, 크리링과 손오반은 자신들보다 더욱 강한 기뉴특전대에 대항하기 위해 베지터와 손을 잡는다.

"너희들과 싸울 굴드란 놈은 전투력은 낮지만 초능력을 쓰니까 방심하지 마. 카카로트 녀석은 정말 이 별에 오지 않았냐? 사람 열받게 하는 놈이지만, 한편이 되면 전략상 조금은 도움이 될 거야."

베지터는 자존심이 강하고 독단적으로 움직이기를 선호하는 캐릭터지만, 이처럼 성공을 위해 전략을 공유하고 전략적 제휴를 통해 목적을 달성하려는 모습을 보여주었다.

우리는 '프리저 제거'라는 공동의 목표를 위해 서로 협력하는 캐릭터들의 관계를 통해 비즈니스의 인사이트를 얻을 수 있다. 이는 어제의 적이 오늘의 협력관계로 변하는 비즈니스 세계와 비슷한 관계의 역동성을 보여주기 때문이다.


드래곤볼에서 Z전사들과 베지터, 나메크성인이 서로의 목표를 위해 일시적인 협력 관계를 보여주었듯이, 기업들 역시 서로의 자원을 협력해 더 큰 성과를 내기 위해 전략적 제휴Srategic Alliance를 한다. 전략적 제휴란 경쟁 기업들이 일부 사업 또는 활동 부문에서 일시적으로 협조를 함으로써 시장의 우위를 차지하려는 전략을 말한다. 전략적 제휴는 정보와 기술을 공유해서 재빨리 신규 시장

프리저와 대항하기 위해 베지터와 손을 잡은 Z전사들

라데츠와 대항하기 위해 피콜로와
손을 잡는 손오공

진입을 가능케 하고, 공통 투자를 통해 새로운 연구 개발을 용이하게 하며, 신규 시장 진출 실패에 따른 위험부담을 분담하게 한다.

요즘 같은 불확실한 비즈니스 환경에서는 서로 협업하여 성공 확률을 높이려는 노력이 더욱 가속화되고 있다. 세계적인 컨설팅 회사 부즈 앨런 해밀턴Booz Allen Hamilton의 연구에 따르면 기업 간 전략적 제휴는 매년 25%씩 늘고 있다고 한다. 포스코과 신일본제철은 제휴한 공동 구매를 통해 비용을 절감했고, 도요타와 GM은 생산기지 공유를 통해 생산성을 높였다. eBay는 AOL과 전략적 제휴를 통해 가입자들을 유치할 수 있었고, 중고자동차·부동산·골동품경매서비스 등 수많은 관련 기업들과의 전략적 제휴를 통해 성장할 수 있었다. 오늘의 비즈니스 환경에서 전략적 제휴는 필수적인 경영 전략이 되어 버린 것이다.

그럼에도 불구하고 전략적 제휴가 쉽지만은 않다. 50%에서 70%에 이르는 실패율과 50% 이상이 제휴를 중단한다는 통계 결과가 이를 증명해 준다. 성공적인 전략적 제휴를 위해서는 여러 가지 방법을 모색하고 고민해 봐야 한다는 것이다. 그렇다면 성공적인 전략적 제휴를 위해서는 어떻게 해야 하는가?

첫째, 전략적 제휴의 목적을 명확히 해야 한다.

성공적인 전략적 제휴는 무엇을 위해 하는지, 어떤 결과를 얻기 위해 하는지에 대한 심사숙고와 고민이 있어야 한다. 목적이 명확하지 않은 전략적 제휴는 결국 실패로 끝나거나 한쪽으로 기술이 흡수될 확률이 높다. 심지어 결국 기업 합병으로 끝나 버릴 수도 있다. 그렇듯 기술적 제휴는 적과의 동침이라고 할 수 있다. 기업 간 기술, 정보, 자본, 설비 공유를 통해 시장 우위를 차지하려는 전략이기 때문이다. 따라서 제휴를 통해 달성하려는 목표를 명확히 하고 어떤 결과를 낼 것인가를 더 많이 고민하는 기업이 파이의 더 큰 부분을 차지하게 된다.

최근 한 인터넷 사이트를 통해 소니<sup>SONY</sup> 플레이스테이션<sup>PlaySatation</sup>의 프로토타입이 공개됐다. 이는 200대 정도만 시험 생산된, 닌텐도와 소니의 합작 콘솔로 카트리지와 CD-ROM이 모두 탑재된 모델이었다. 1988년 닌텐도와 소니는 'Play Station Project'라는 이름으로 CD-ROM이 장착된 차세대 게임기 개발을 위해 전략적 제휴를 체결했다. 닌텐도는 당시 슈퍼패미콤에 사운드칩을 납품하던 소니와 손을 잡고 CD-ROM이 달린 슈퍼패미콤 개발에 들어갔다. 하지만 닌텐도는 소니와 다르게 목표가 확고하지 않았다. 90년대에 카트리지형 슈퍼패미콤의 인기는 절정에 달했고, 당시 시장에 나와 있던 메가드라이브CD, NEC의 PC엔진 등 CD가 장착된 콘솔은 큰 관심을 받지 못하고 있었기 때문이다. 또한 당시 CD 게임 구동에는 10초에서 15초의 로딩 시간이 필요했기에 닌텐도에서는 유저들이 이를 이해하지 못할 것이라는 것이 지배적인 의견이었다.

반면, 소니의 프로젝트 책임자 쿠타라기 켄久夛良木健은 명확한 목표가 있었다. 이 프로젝트를 통해 소니가 차세대 매체인 CD 시장을 장악하겠다는 것이었다. 아쉽게도 CD-ROM이 달린 슈퍼패미콤은 시장에 나오지 못했다. 프로젝트가 중도에 결렬되었기 때문이다. 결국 닌텐도는 소니에게 핵심 기술과 노하우만 전수해준 꼴이 되었고, 소니는 이를 발판으로 1994년 플레이스테이션을 세상에 내놓아 공전의 히트를 기록했다.

둘째, 서로가 공평하게 얻는 유익이 있어야 한다.

전략적 제휴는 기브 앤 테이크Give and Take의 원칙을 기반으로 한다. 제휴를 통한 기업 간의 공생을 목표로 하기 때문이다. 근시안적인 관점에서 자사의 유익만을 추구하는 것이 아니라 기업 간의 신뢰 구축을 통한 장기적인 성장과 시너지를 기대해야 한다.

GM과 대우자동차는 대표적인 전략적 제휴의 실패 사례이다. 서로의 유익만을 주장하다가 제휴는 실패로 끝났고, 두 기업 모두 더 큰 성장의 기회를 놓치고 말았다. 대우자동차는 취약한 기술력과 낮은 품질이 GM의 기술력으로 해결될 것이라 맹신했고, 이는 GM에 대한 과도한 기술 요구로 이어졌다. GM은 미국 내 점유율 하락과 높은 인건비를 해결하기 위해 한국 시장으로의 진출을 원했기에 대우의 확장 의지에 불만을 가질 수밖에 없었다. 즉 서로에 대한 이익 요구 수준이 다르게 되면서 제휴는 실패로 끝나게 되었다.

최근 집영사集英社(소년 점프지를 발행하는 출판사)는 중국 최대의 인터넷 서비스 기업인 텐센트騰訊와 성공적인 전략적 제휴를 체결했다. 이것으로 집영사는 드래곤볼을 비롯한 〈주간 소년 점프〉의 인기 만화 11개 전자판권에 대한 독점권을 텐센트에 넘겨 공식적인 유통채널을 확보할 수 있게 되었다. 이는 해적판이 넘쳐나는 중국 시장을 잡겠다는 집영사의 강한 의지였고, 정규판 만화 독점 서비스를 통해 해적판을 축출하고 작품의 인지도를 높이는 기회도 잡았다.

텐센트의 입장에서는 통합 엔터테인먼트 전략을 내걸고 애니메이션 플랫폼을 만들었지만, 양질의 콘텐츠를 얻기가 어려웠다. 애니메이션 공모전을 개최하고, 만화 작가 배출을 위한 지원을 확대했지만 큰 재미를 보지 못했다. 하지만 집영사와의 제휴를 통해 드래곤볼, 원피스, 나루토 등 양질의 콘텐츠를 정식 유통할 수 있게 되었고, 이미 수많은 중국 팬을 보유하고 있던 소년 점프지의 만화 유통을 통해 큰 수익을 올렸다. 성공적인 전략적 제휴를 위해

윈윈한 것이 성공의 요인이었다.

어제의 적이었던 손오공과 피콜로는 라데츠(사이어인 편에 등장하는 첫 번째 적)를 무너뜨리겠다는 공통의 목표를 가지고 기술적 제휴를 체결하여 승리를 얻어낸다. 손오반과 크리링은 베지터와 제휴하여 손오공이 없을 때 프리저에게 대항할 수 있었다. 기업들도 확실한 목표 설정과 공평한 유익함의 추구를 통해 전략적 제휴를 성공적으로 이끌어 내고, 이를 통해 조직을 성장시키는 발판으로 삼을 수 있어야 한다.

# 6

# 드래곤볼에서의 성공적인 퓨전과
# 콜라보레이션의 성공 조건

드래곤볼에는 '퓨전'이라는 독특한 기술이 나온다. 이는 비슷한 전투력과 체격을 가진 두 사람이 하나로 합체해 강력한 힘을 내는 기술이다. 퓨전은 손오공이 셀과의 전투에서 죽은 후 저승에서 만난 메타몰성인의 특기로, 메타몰성인들은 개별적인 전투력은 보잘것없지만, 퓨전을 통해 강력한 전사로 거듭나는 특성이 있었다. 퓨전을 하게 되면 단지 전투력이 두 배로 되는 것 이상의 엄청난 전투력을 가지게 된다. 오천크스(손오천과 트랭크스의 퓨전 시 이름)는 마인 부우의 최종 진화 상태인 슈퍼 부우를 상대로 압도적인 공격을 펼쳤고, 초베지트(베지터와 손오공의 퓨전) 또한 퓨전이 풀리기까지 일방적으로 부우를 몰아붙이며 최고의 기량을 보여줬다.

비즈니스에서는 퓨전의 개념과 흡사한 콜라보레이션<sup>Collaboration</sup>이라는 개념이 있다. 이는 브랜드 간의 공동작업을 통해 새로운 시너지를 내는 방법으로 초기에는 패션 브랜드와 유명 디자이너의 협업이 주류를 이루었지만, 시간이 지나면서 가전, 식품, 화장품, 음악 등 전 산업군 전반에 걸쳐 콜라보레이션이 일어났다. 형태도 단순한 협업 마케팅에서 합작투자, 전략적 제휴 등으로 다양해졌다.

애플은 에르메스<sup>Hermes</sup>와 손잡고 에르메스-애플 워치를 출시했다. 명품 이미지의 에르메스와 혁신의 아이콘 애플이 만나자 시장에서는 좋은 반응을 보였다. 애플은 이전에도 명품화 전략의 일환으로 본체를 금으로 발라 버린 1000만 원짜리 스페셜 에디션을 내놓았지만, 반응이 시원찮았다. 스마트 시계는 전자기기라는 특성상 IT기기에 관심이 많은 일부 남성 고객이 주류를 보이는 시장인 데다가 아무리 돈이 많더라도 1000만 원이나 주고 매일 충전시켜야 하는 시계를 살 사람은 많지 않았다. 하지만 명품 브랜드인 에르메스와 제휴하자 상황이 달라졌다. 150만 원 정도의 가격에 프랑스산 하이엔드 가죽 명품 이미지와 에르메스 로고가 박혀 있는 애플 워치는 여성고객들에게도 매력적이라 출시 전부터 상당한 이슈를 몰고 와 시너지를 불러일으켰다.

영화와 음악의 성공적인 콜라보레이션 사례를 들어 보자. 현란한 CG로 호평을 받아온 영화 〈트랜스포머〉는 1편부터 3편까지 인기 록밴드 린킨 파크<sup>Linkin Park</sup>와 협업했다. 트랜스포머 1편에서는 린킨 파크의 정규 3집 〈Minutes To Midnight〉의 'What I've Done'을 콜라보레이션했고, 트랜스포머 2편에서는 아예 영화를 위해 작곡된 'New Divide'가 수록됐다. 3편에는 4집 수록곡인 'Iridescent'를 넣었다. 린킨 파크는 단순히 자신들의 곡을 영화에 삽입한 것이 아니었다. 2편의 'New Divide'에서는 영화를 위해 아예 가사를 영화의 분위기에 맞게 작사를 하였으며, 영화 삽입을 위한 새로운 편곡 작업에 심혈을 기울였다. 그 결과 영화와 음악의 가장 성공적인 콜라보레이션이라는 평을 받았다.

하지만 모든 콜라보레이션이 다 좋은 결과를 가져온 것은 아니다. 패션 브랜드인 H&M과 발망<sup>BALMAIN</sup>의 콜라보레이션은 발매 직전까지는 구매자들의 노숙 대란을 불러 일으켰으나, 발매 직후 처분 대란이 일어났다. 현대자동차의 제네시스는 명품 자동차를 표방해 프라다<sup>PRADA</sup>와의 콜라보레이션을 시도했으나 판매 수요를 채우지 못하고 실패했다. 심지어 1호 차를 기증받은 차인표, 신애라 부부는 이를 중고차 시장에 내놓아 이슈가 되었다. 그렇다면 성공적인 콜라보레이션의 핵심은 무엇일까?

첫째, 비슷한 수준의 브랜드 간의 콜라보레이션이다.

드래곤볼의 퓨전 기술을 사용하기 위해서는 일정한 조건이 요구된다는 설정이 나온다. 퓨전을 시행하는 두 사람의 힘과 체격이 비슷해야만 합체가 가능하다는 것이다. 이 기술을 익힌 손오공조

퓨전을 사용하는
손오천과 트랭크스

차 저승에는 본인과 비슷한 실력자가 없었기에 실제로 기술을 시험해 볼 수 없었다. 피콜로는 마인 부우와의 전투를 앞두고 "손오반이나 베지터가 살아 있었다면 너(손오공)와 퓨전을 하여 굉장한 전사로 변신해서 마인 부우와 싸울 수 있었을 텐데!"라고 말하며 비슷한 실력 수준의 전사가 없는 것을 아쉬워하는 장면이 나온다.

H&M과 발망의 협업이나 현대자동차와 프라다의 협업 실패 요인은 격차가 많이 나는 두 브랜드의 무리한 콜라보레이션에 있었다. 만 원짜리 티셔츠를 판매하는 신생 SPA브랜드 H&M과 60만 원짜리 티셔츠를 판매하는 프랑스 명품 브랜드인 발망의 조화는 소비자가 인식할 수 있는 수준을 넘어서는 브랜드 간의 격차가 있었다. 현대자동차도 마찬가지다. 대중적인 브랜드의 현대자동차와 명품 브랜드 프라다와의 괴리는 너무 컸다. 명품 업체 관계자는 '명품이라는 것은 단순히 비싼 것이 아니라 브랜드의 역사와 전통을 가지고 있는데, 현대는 그런 면이 부족하다. 현대가 아닌 벤츠-프라다나 BMW-프라다였다면 상황은 달랐을 것'이라며 브랜드

간의 큰 격차가 실패 원인이었음을 밝혔다. 결국 성공적인 콜라보레이션은 비슷한 수준으로 인식되는 브랜드 간의 조화이다.

둘째, 콜라보레이션을 통한 시너지가 한시적이라는 인식이다.

드래곤볼에서 손오공의 부재 속에 마인 부우를 물리칠 최후의 수단으로 손오천과 트랭크스의 퓨전이라는 방법이 사용된다. 손오천과 트랭크스는 퓨전을 통해 마인 부우와의 전투에서 실력 우위를 보이며 승승장구하지만, 퓨전을 통한 변신의 효과는 단 30분뿐이었다. 이후에는 변신이 풀리고 한동안 퓨전 사용이 불가능했다.

콜라보레이션도 마찬가지다. 콜라보레이션의 목적은 협업을 통한 시너지를 통해 일시적으로 우위를 선점하거나, 한시적인 변화에 있는 것이지 브랜드의 본질을 바꾸지는 못한다. 그러므로 콜라보레이션이 제품 경쟁력 자체를 강화시키지는 못한다는 인식이 필요하다. 본질적으로 장기적인 관점에서 브랜드 자체의 역량 강화가 결국 승리하는 비즈니스의 원칙인 것이다.

셋째, 콜라보레이션은 브랜드의 정체성을 유지할 수 있는 선에서 진행해야 한다.

브랜드 이미지는 기업의 핵심 자산이다. 무분별한 콜라보레이션의 남용은 브랜드 본질의 가치는 없어지고 유명인, 유명 브랜드와 협업했던 브랜드로만 인식하게 된다. 드래곤볼 마인 부우 편에는 오천크스의 퓨전만으로는 승산이 없다는 것을 알게 된 손오공이 베지터에게 퓨전을 제안하지만 베지터가 이를 거절하는 장면이 나온다.

"너랑 합체하느니, 차라리 죽는게 나아……."

지구가 위험한 순간에도 베지터는 자신이 쌓아 왔던 그동안의 이미지와 베지터 행성의 왕자라는 프라이드와 지위 때문에 콜라보레이션을 거절한 것이다. 자신의 아들까지 죽게 된 상황에서 결국 일시적인 합체를 하긴 하지만 절박한 위기 상황을 넘기고는 "다시는 너와의 합체 따위는 하기 싫다!"라고 말하며 퓨전에 사용되었던 합체 도구인 계왕신의 귀걸이를 가루로 만들어 버린다. 단순히 파워 업을 하기 위해 브랜딩에 훼손이 되는 일은 하지 않겠다는 것이다.

이처럼 단기 매출을 올리기 위해 장기적인 브랜딩의 실패로 연결시키는 어리석음을 범하면 안 된다. 에쓰오일S-oil과 도라에몽의 캐릭터 콜라보레이션, 가수 알리샤 키스Alicia Keys와 블랙베리의 콜라보레이션처럼 정체성을 알 수 없는 엉뚱한 콜라보레이션은 결국 실패로 끝나고 말았다. 특히 블랙베리의 글로벌 크리에이티브 디렉터로 임명된 알리샤는 블랙베리의 우수성을 아이폰으로 포스팅해 양쪽 브랜드 이미지 모두에 큰 손실을 입히고 말았다.

드래곤볼에서 퓨전을 사용하려면 두 명이 아이돌 댄스 안무와 같은 다양한 동작을 정확하게 좌우 대칭으로 포즈를 취해야 한다. 만약 둘 중 한 명이라도 동작의 순서가 틀리거나 조금이라도 어긋

나면 잘못된 형태의 변신을 해 버린다. 합체가 안 되는 것은 아니지만 뚱뚱보나 약골 등으로 변해 버려 아무런 도움이 되지 못할뿐더러, 변신이 풀릴 때까지 그 무력함을 지속해야 한다.

비즈니스에서도 마찬가지다. 콜라보레이션은 잘만 사용하면 브랜드의 이미지 변신, 타깃의 확장, 고부가가치 창출, 제품 차별 등 브랜드에 놀라운 시너지를 가져다준다. 하지만 무분별한 콜라보레이션의 사용은 브랜드를 망치는 지름길이 된다. 따라서 콜라보레이션을 하려면 장기적인 입장에서 브랜딩과 시너지를 위한 고민을 해야 한다.

# 7
# 사이어인은 죽을 고비를 넘길수록 더욱 강해진다

드래곤볼을 보면 사이어인에 대한 여러 가지 설정들이 나온다. 예를 들면 평생 싸워야 하기 때문에 청년기가 지구인에 비해 매우 길며, 얼굴이나 몸이 실제 나이에 비해서 훨씬 동안이라는 설정, 청년이 될 때까지 유아체형인 채로 적을 방심시키다가 한순간에 전투에 맞는 체형으로 성장하고 이후로는 거의 노화하지 않는다는 설정 등이다. 실제로 부우 편까지 가면 외모 차이 때문에 부르마나 치치가 고민하는 모습이 나온다.

특히 사이어인의 파워 업에 대한 설정은 코믹스 전체를 통틀어 캐릭터의 성장이라는 거대한 이야기의 흐름에 큰 영향을 준다. 사이어인의 파워 업 비밀은 프리저 편에서 기뉴특전대의 자봉과 베

사이어인의 강해짐을 이야기하는 크리링

지터의 대화에서 밝혀진다.

"자봉 씨, 네놈은 사이어인에 대해 자세히 알고 있는 거 아니었나? 아무 생각없이 나를 치료해준 게 실수였어. 안 그래? 사이어인은 죽을 고비를 넘길 때마다 전투력이 점점 강해진단 말이야……."

사이어인은 전투에서 죽을 고비를 넘길수록 더욱 강해진다. 정확히는 빈사 상태에서 몸이 완전히 회복되면 전투력이 높아진다. 따라서 하급 전사 출신인 손오공의 아버지 버독은 최전선에서 죽을 고비를 여러 차례 넘기면서 상급 전사에 버금가는 실력을 갖출 수 있었고, 손오공 또한 스스로 죽을 고비에 처하는 극단적인 수련과 회복의 반복을 통해 전투력을 단기간에 상승시킬 수 있었다.

비즈니스에서도 위험은 성숙과 성장을 주는 중요한 계기로 작용한다. 따라서 이것을 피하려 하지 말고 적극적으로 받아들이고,

과감하게 도전함으로써 더 큰 성장의 기회로 삼으려는 노력이 필요하다. 경영컨설턴트이자 런던 비즈니스 스쿨London Business School의 게리 해멀Gary Hamel 교수는 그의 저서 《경영의 미래》The Future of Management를 통해 신생기업이 대기업을 이기는 이유에 관해 이렇게 설명한다. '신생기업은 위험을 받아들이고 도전하기 때문이다.' 대기업은 위험하다고 생각되는 사업은 피하지만 신생기업은 과감히 도전해 쟁취한다. 신규 비즈니스에는 위험과 기회가 공존하는데 대기업은 위험을 크게 보고, 신생기업은 기회를 더 크게 보는 것이다.

대기업과 신생기업의 대립적인 시각 차이는 신규 비즈니스 실패에 따른 영향력이 다르기 때문이다. 신규 비즈니스에는 상당한 리스크가 존재하므로 실패하면 큰 재정적 타격을 입거나 비즈니스 자체가 흔들린다. 미국 버스회사인 레이들로Laidlaw는 스쿨버스 사업으로 재미를 보자 구급차 사업에 뛰어 들었다가 큰 재무 손실을 보고 구급차 사업을 매각해 버렸다. 재계 순위권에 들던 STX그룹은 지속적인 신규 사업 실패로 사업 매각과 법정관리의 수모를 겪었다. 하지만 기회비용이 낮은 신생기업은 대기업에 비해 잃을 것이 없다. 신규 비즈니스에 더욱 과감히 도전할 수 있는 이유이다.

하지만, 더 큰 성장을 위해서는 조직의 편안함을 주는 캐시 카우Cash Cow 비즈니스에만 머물지 말고 과감히 위험에 뛰어들어 더 큰 성장을 추구하는 것이 필요하다. 영국을 대표하는 중공업 회사인 롤스로이스Rolls-Royce PLC는 제트엔진 사업으로 큰 성공을 이루었는데, 큰 리스크를 감수한 덕분이었다.

1970년대 항공기 엔진의 유지 보수 문제는 항공 산업에 있어 큰 골칫거리였다. 엔진이 한번 고장 나면 엄청난 수리비가 들었고, 항공기를 운항하지 못해 막대한 손실을 입었기 때문이다. 특히 영세 항공사들은 엔진 고장에 따른 자재비, 수리비를 감당할 여력이 없는 경우가 허다했다. 이 문제를 해결하기 위해 롤스로이스는 '엔진 가동 시간에 따른 비용 지급'이라는 새로운 형태의 서비스를 제공하기 시작한다. 항공사들은 엔진 수리비나 자재비를 지불하는 대신 서비스 이용 시간에 대한 비용만 지불하면 됐다. 롤스로이스는 엔진 고장에 대한 모든 부담을 고스란히 떠안는 위험을 감수하면서 더욱 성장하는 전략을 선택한 것이다. 롤스로이스는 엔진 고장에 대한 위험부담 비용을 서비스 비용에 추가해 더 큰 이익을 얻었고, 수리 기간에 따른 수익 감소를 걱정해 엔진 정비 프로세스를 개선하면서 더욱 발전적인 비즈니스 모델을 구축할 수 있었다.

페이팔의 공동 창업자로 31세에 이미 억만장자 반열에 오른 일론 머스크Elon Musk 또한 편안함에서 벗어나 지속적인 위험 수반과 실패를 통해 기업을 성공적인 자리에 올려 놓았다. 그는 '중요한 것은 비록 성공 가능성이 낮더라도 일단 시도하는 것'이라는 자신의 경영철학에 따라 천문학적인 자금이 투입되는 우주산업에 모든 자금을 베팅했고, 수많은 시행착오를 겪으면서 전기차 개발에 매달렸다. 그 결과 최초의 민간 우주산업 기업인 스페이스X는 로켓 발사에 성공했고, 테슬라는 최초의 전기 스포츠카 로드스터를 출시해 업계에서 큰 주목을 받았다. 성공 가능성이 희박한 산업군이라는 위험을 감수하고 뛰어든 성과였다.

이처럼 위험을 극복하면 비즈니스는 더욱 성장하고 혁신할 수 있다. 위기를 통해 학습하고, 이를 통해 새로운 방안을 모색할 힘을 얻기 때문이다. 안전지대에 정체되어 있는 비즈니스를 새로운 관점으로 바라볼 기회를 얻기 때문이다. 하지만 무작정 위험에 처하는 것이 곧바로 성과로 연결되지는 않는다. 성과로 연결되는 위험은 철저한 계산이 뒷받침될 때 제대로 그 기능을 발휘할 수 있다.

드래곤볼 프리저 편을 보면, 베지터가 프리저와 맞서기 위해 크리링에게 이렇게 요청하는 장면이 나온다.

"우리 사이어인은 죽음 직전에 부활했을 때 파워가 증가한다. 어서 나를 반쯤 죽여줘! 내가 스스로 죽으려 하면 효과가 없어! 네가 해줘야 해!"

사경에 처한 뒤 치료 능력을 갖추고 있는 나메크성인 덴데의 힘을 이용해 회복하려는 계산이었다. 즉 성장을 위해 죽음의 위험을 감수하는 '계산된 위험 전략'인 것이다. 결과적으로 베지터는 일시적인 파워 업을 통해 손오공이 도착할 때까지 프리저에게 저항할 수 있는 시간을 벌게 된다. 이처럼 위험은 미리 예측 가능할 때 적절한 위기 대응을 통해 성장의 도구로 사용될 수 있다.

위험은 이미 예상되어 있는 것이지, 무작위로 나오는 도박 같은 것이 아니다. 경영컨설턴트 레오나르도 그린$^{Leonard\ Green}$은 "기업가는 리스크 테이커$^{Risk\text{-}Taker}$가 아니라, 계산된 리스크 테이커$^{calculated\ risk\text{-}taker}$이다"라고 말한 바 있다. 위험도 충분히 예측이 가능하다는 이야기다. '계산된 리스크 테이커'는 위험을 줄일 수 있는 방법을 모색하면서 조심스럽게 목표를 향해 나아간다. 위험을 충분히 예상하고 충분한 대책과 함께 움직인다. 그리고 위험을 도약의 기회로 삼는다.

독일 화학업체 바스프$^{BASF}$는 기업 내 모든 위험 요소를 분석하고 통제하는 경보시스템을 구축해 위험이 발생할 경우 즉시 통제할 수 있게 관리하고 있다. 위험이 현실화되면 사전에 준비된 프로그램에 따라 움직이는 것이다. 예를 들면 화학제품을 만드는 원료비 상승이 위험 요인으로 감지되었을 경우 사전에 준비된 대체 원료의 수급을 통해 제품 제조에 차질이 없도록 관리하는 것이다. 경영에 직격탄을 맞는 경쟁사들과 달리 위험 속에서 더 큰 성장을 지속할 수 있는 시스템을 구축한 것이다.

2001년 9.11 테러로 맨해튼의 세계무역센터가 무너지자 언론들은 세계 공황 수준의 혼란을 예상했다. 수천억 달러에 달하는 금융자산을 관리하는 미국 투자은행 모건 스탠리$^{Morgan\ Stanley}$가 입주해 있었기 때문이다. 그런데 놀랍게도 테러 다음날인 9월 12일 스탠리는 전 세계 지점을 오픈하고 정상적인 영업을 계속했다. 이미 테러까지 대비한 위기 대응 매뉴얼을 구축해 놓았기 때문이었다. 타사와는 달리 완벽한 데이터 백업 대응을 통해 '모건 스탠리의 기적'이라는 별칭까지 얻었다. 또한 모건 스탠리는 '이렇게 안정된 회사에 투자하라'는 광고를 통해 테러 이후 더 많은 투자자를 유치하며 성장을 지속했다.

노르망디 상륙작전을 이끈 조지 패튼 George Patton 장군은 다음과 같은 명언을 남겼다.

"계산된 위험은 감수하라. 이것은 무모한 것과는 다르다." Take calculated risks. That is quite different from being rash.

베지터가 보여주었던 것처럼 위험을 피하지 않고 오히려 이용하는 전략이 비즈니스의 성장에 필요하다.

# 8
# 피콜로 재생의 비밀과
# 핵심 역량 강화

나메크성인인 피콜로는 선대들의 능력을 이어받아 다양한 능력을 갖추고 있다. 청각이 발달해 멀리 떨어져 있어도 대화를 들을 수 있고, 추위를 타지 않으며, 물건을 순식간에 만들어 내는 능력도 갖추고 있다. 그중에서 가장 유용하게 사용하는 능력은 신체 재생 능력이다. 이 능력은 전투에서 팔이 잘리거나 심각한 부상을 입었을 때 유용하게 사용되었다.

드래곤볼을 보면 피콜로가 마계의 왕 데브라에 의해 돌이 되었다가 산산조각난 상태에서 다시 멀쩡히 재생되어 등장하는 장면이 나온다. 그리고 트랭크스와 재생에 대한 비밀을 이야기하는데, 그것은 두뇌만 무사하면 재생할 수 있다는 것이었다.

내용 중에는 또 다른 재생 능력에 대한 설정이 나온다. 프리저, 마인 부우와 함께 드래곤볼 3대 악당 보스로 불리는 셀의 재생 능력이다. 셀은 베지터의 '파이널 프래시'나 손오반의 '에네르기파'에 의해 상반신 절반이 잘려 나갔을 때 온몸이 바로 재생되는 모습을 보여줬다. 당황하는 Z전사들에게 셀은 재생의 비밀에 대해 이렇게 말한다.

"내 머릿속에는 작은 핵이 있지. 그것이 나를 이루고 있는 물질이다. 그것이 파괴되지 않는 한, 이 몸은 계속해서 재생되는 것이 가능하다."

즉 피콜로나 셀의 신체 재생 비밀은 몸을 이루고 있는 핵심 코어 물질에 있으며, 이것만 보존되면 언제든지 부활이 가능하다는 이야기다.

드래곤볼의 캐릭터들이 보여주는 이런 재생 능력은 위기에 처한 기업이 어떻게 다시 일어설 수 있는가에 대한 방향을 제시한다. 기업의 팔다리가 잘리는 위기의 순간에도 그 기업의 코어, 즉 핵심 역량을 잘 보존하거나 집중할 때 기사회생도 가능하다는 이야기다.

도요타의 사례를 예로 들어 보자. 도요타는 '카이젠'改善이라는 독자적인 경영방식으로 변방의 일본 자동차를 세계의 중심으로 성장시켰다. 카이젠은 끊임없이 품질을 개선시키는 캠페인으로, 직원들이 생산 과정에서 결함을 발견하고 해결책을 찾아내면 현금 보상을 해주는 시스템이다. '품질의 도요타'를 배우려고 수많은 경영자들이 도요타를 방문했고, 도요타의 생산 방식에 대한 노하우 습득을 위해 전 세계에 도요타 합작공장이 세워졌다.

하지만 승승장구하던 도요타는 창립 이래 최대의 위기를 맞는다. 2009년 미국 캘리포니아주에서 렉서스 ES350 차량이 195km의 속도로 질주하다가 일가족 넷이 그 자리에서 즉사한 사건이 발생한 것이다. 가속 페달 결함이 문제였다. 이 사건을 계기로 품질 문제가 도요타 차량 전체로 확산되었고, 전 세계적으로 1,000만대의 차량이 리콜 대상으로 이름을 올렸다. 급기야 도요타자동차 사장 도요타 아키오豊田章男가 미국 하원 청문회에 참석해 고개를 숙이며 사죄하기에 이르렀고, 약 5조 8백억 원의 리콜비용, 합의금, 벌금을 지급하고 나서야 사태가 마무리될 수 있었다.

이 사건의 근본에는 생산 확장에 따른 품질 저하가 있었다. 도요타는 시장 점유율 확대를 위해 무리한 사세 확장을 시도했다. 원가 절감을 위해 일본에서 생산하던 부품을 해외 생산으로 돌렸고, 공통 부품의 사용 비율을 늘렸다. 이는 한 부품의 불량이 전 차종의 불량으로 확산될 위험성을 간과한 결정이었다. 또한 늘어나는 해외 공장을 관리하는 인력은 턱없이 부족했고 품질 관리에도 허점이 생길 수밖에 없었다. 결국 리콜 대상 차량 수가 전 세계 판매 차량 수를 초과하기에 이르렀고, 창사 이래 최초로 손실을 기록했으며, 이는 일본의 수출을 27% 하락시키는 참담한 결과를 가져왔다. 조직이 뿌리째 흔들릴 만큼 심각한 충격에 전 세계가 도요타의 회생에 부정적인 시각이었다.

그런데 기적 같은 일이 일어났다. 벼랑 끝에 몰린 도요타는 삼재를 극복하고 단 3년 만에 전 세계 자동차시장에서 판매 1위를 차지한 것이다. 이렇게 빠르게 위기를 극복할 수 있었던 이유는 기업의 핵심 역량이었던 품질에 다시 집중했기 때문이다. 아키오 사장은 품질에 소홀함이 있었음을 인정하고 초심으로 돌아갔다. 숫자에 대한 집착을 버리고 생산라인 재배치와 품질 향상에 사활을 걸었다. 6개월 만에 모든 리콜을 마무리했고 1년 만에 생산라인 재정비를 끝마쳤다. 그리고 2013년 세계 최초로 연간 1,000만대 돌파라는 업계 신기록을 세운다.

핵심에 집중해서 회생에 성공한 또 다른 사례로는 디즈니The Walt Disney Company를 들 수 있다. 디즈니는 만화영화의 역량 개발을 통해 가치를 창출한다는 창업자 월트 디즈니의 명확한 경영철학을 바탕으로 비즈니스를 전개해 왔다. 그러나 월트 디즈니의 사망 후 애니메이션이라는 핵심 역량에서 점차 벗어나면서 위기를 맞았다. 1970년대에 시도한 영화가 대부분 흥행에 실패했고, 창의적인 영화 대신 테마파크를 중심으로 한 부동산 운영에 집중했다. 창의적인 콘텐츠로 신규 고객을 확보하고, 이를 통해 새로운 수익으로 연결되는 구조가 아니라, 확장된 사업에만 집중하는 제 살 깎기식 수익 구조에 집착했다. 그 결과 디즈니의 박스오피스 점유율은 4%로 최하위를 기록했으며, 1983년에는 CBS가 디즈니의 유통을 거

부하면서 더 이상 텔레비전에서 디즈니를 볼 수 없게 되었다. 이에 따라 디즈니랜드의 입장객 수도 절반으로 줄었고, 주가는 70%까지 하락하면서 총체적인 위기를 겪었다. 이는 만화영화라는 창의적인 콘텐츠제작 역량의 부재가 원인이었다.

1984년 마이클 아이스너<sup>Michael Eisner</sup>가 CEO로 부임한다. 그가 집중한 것은 디즈니의 핵심 자산인 애니메이션이었다. 그는 야심차게 준비한 프로젝트 〈인어공주〉의 성공을 기점으로 〈미녀와 야수〉, 〈라이언 킹〉, 〈뮬란〉을 잇달아 히트시키면서 다시 성장기를 이끌었다. 박스오피스 점유율은 20%에 육박했으며, 캐릭터 라이선스, 테마파크 인기로 이어지면서 수익의 선순환이 이루어졌다. 이는 최근 〈겨울왕국〉의 유례없는 성공으로 연결되어 40년대 디즈니 황금기의 영광을 재현해 냈다.

위의 사례들에서 본 것처럼 기업은 핵심 역량의 부재로 망하고, 핵심 역량으로 인해 성장해 왔다. 그렇다면 우리가 집중해야 할 핵심 역량은 무엇일까?

피터 드러커는 일찍이 "자신이 잘하는 것을 통해서 이웃을 놀라게 하고 예상치 못한 감동을 주는 것이 사회에 공헌하는 삶인 것처럼, 조직의 핵심 역량을 통해 탁월한 제품과 서비스로 고객의 니즈를 만족시키는 것이 조직이 성장하는 길"이라고 했다.

핵심 역량은 단순한 조직의 강점이 아니다. 핵심 역량은 경쟁자와 차별화된 역량을 통해 소비자를 만족시키는 능력이다. 따라서

잘려진 팔을 재생시키는 피콜로

오랫동안 같은 업에 종사했다고 해서, 또는 뛰어난 기술을 확보하고 있다고 해서 이것을 핵심 역량이라고 말할 수는 없다. 핵심 역량은 상대방이 따라 할 수 없는 대체 불가능한 것이어야 한다. 그리고 그것으로 소비자에게 의미 있는 가치를 제공해야 한다.

후지필름은 코닥의 후발 주자였지만, 몰락한 코닥의 길을 걷지 않고 핵심 역량에 집중함으로써 재기할 수 있었다. 코닥은 소비자들의 니즈를 외면한 채 필름사업부를 끌어안고 돌이킬 수 없는 강을 건넜다. 하지만 후지필름은 그들의 핵심 역량인 필름 제조 기술을 가지고 LCD패널의 필름과 제약과 화장품 산업에 진출하면서 성공 가도를 달리고 있다. 이는 자신들의 핵심 역량을 통해 소비자에게 의미 있는 가치를 제공할 수 있었기 때문이다.

1986년 설립된 영국 샌드위치 기업인 프레타망제<sup>Pret A Manger</sup>의 미션은 '좋고 신선한 조리 식품을 제공하는 것'<sup>A mission to create good, freshly prepared food</sup>이었다. 이에 따라 신선하고 건강한 음식을 소비자에게 제공하는 것이 핵심 역량이었다. 그리고 이 핵심 역량을 강화하는 전략을 통해 세계적인 기업으로 성장한다. 빠르다는 패스트푸드의 장점은 살리되 웰빙이라는 차별성을 두어 패스트푸드를 꺼리던 수많은 소비자를 고객으로 확보하면서 포춘<sup>Fortune</sup>지로부터 '비틀스 이후 최고의 영국산 수출품'이라는 칭호를 얻게 된 것이다. 이처럼 모든 비즈니스의 마지막에는 핵심 역량으로 소비자들에게 어떠한 가치를 줄 수 있는가를 고민하는 조직만이 살아남게 된다.

피콜로가 팔, 다리가 잘려나가서 전혀 희망이 없어 보이는 전투를 지속했던 이유, 그리고 셀이 손오공과 손오반에 의해 3차례나 몸이 조각났음에도 다시 새로운 판을 짜는 저력을 보여줄 수 있었던 이유는 그들을 이루는 코어 물질이 보존되어 있었기 때문이다. 기업이 위기에 몰렸다면 다시 비즈니스의 코어 물질인 핵심 역량에 집중해 기업이 재생할 수 있는 기회를 만들고, 경영 체질을 쇄신해 이를 극복해야 한다. 그리고 핵심 역량의 재정비와 이를 활용한 전략을 통해 다음의 도약을 준비해야 한다.

# 2장

드래곤볼에서 배우는

# 성과 관리

# 1
# 마인 부우를
# 기다리게 하려면

드래곤볼에 나오는 악당들은 도시를 통째로 날려 버리고, 사람 죽이기를 우습게 여기는 잔혹함이 있지만, 유독 기다림에는 관대함을 보인다.

"딱 3시간뿐이야. 그 이상 기다리지 않는다."

드래곤볼 219회에 보면 Z전사들을 전멸시키려던 베지터가 손오공의 존재를 알고 기다려 주는 장면이 나온다. 심지어 베지터는 내퍼가 3시간씩이나 뭘 하라는 거냐고 불평하며 싸우려 하자 질책까지 하며 바위 위에 앉아 가만히 기다리는 모습을 보여준다.

셀 편에서도 마찬가지다. 시간을 주면 더욱 강해질 수 있다는 트랭크스의 말에 셀은 "10일 후로 하자. 내가 선물하는 서비스야.

더욱 강해져서 날 즐겁게 해다오"라고 하며 10일 동안 아무것도 하지 않고 팔짱 낀 채 기다려 주는 장면이 나온다.

종로구의 한 삼계탕 전문점에서는 말복이면 사람들이 삼계탕을 먹기 위해 땡볕 더위를 참고 100m가 넘는 줄을 서서 기다린다. 강남 쉑쉑버거 1호점은 오픈 당시 1km에 가까운 줄이 만들어졌다. 이런 기다림과 비즈니스는 어떤 상관관계가 있을까?

동기 이론Motivation Theory에 따르면, 사람들은 자신이 기존에 겪었던 경험으로부터 목표의 중요성을 유추하는 경향이 있다. 목표를 달성하기 위해 자신이 했던 행동을 통해 얼마나 자신의 목표가 중요한 것인지 평가하게 된다는 것이다. 따라서 사람들은 자기 뒤에 줄을 선 사람들을 바라보면서 이들로부터 성취감을 느끼게 되고, 이 성취감은 음식이라는 목표에 더욱 중요한 의미를 부여해 음식과 서비스에 대해 더 높은 평가를 한다는 것이다.

이는 실제로 스탠퍼드대에서 실행한 실험 결과와 일치한다. 식당에 선 줄의 지점에 따라 설문을 진행했는데, 뒤에 더 많은 사람들이 기다리고 있을 경우 사람들은 더 큰 목표를 성취하고 있다고 느끼고 제품에 대해 더 큰 가치를 부여했다. 그리고 이는 소비자의 더 큰 지출로 이어져 결국 비즈니스에 긍정적인 영향을 미치게 되는 것이다.

미국 유기농제품 전문 마트인 홀푸드Whole Foods는 다른 마트에서 찾아볼 수 없는 줄 서기 시스템을 도입했다. 모든 고객이 계산을

전투를 위해 손오공을 기다리는 베지터

위해 한 줄로 서는 것이다. 자신의 순서가 되면 천장에 달린 스크
린에 자신의 순번이 뜨고 해당 계산대가 표시된다. 소비자가 헷갈
리지 않게 계산대는 색깔별로 표시되어 나타난다. 한 줄로 줄을 서
고 자신의 이름이 호명되면 스크린에 쓰여 있는 계산대에 가서 계
산하면 되는 것이다. 홀푸드는 이렇게 줄 서기 프로세스를 개선하
여 경쟁사보다 15초의 대기 시간을 줄일 수 있었다. 또한 소비자들
은 뒷줄에 늘어선 사람들을 보며 구매에 대한 더 큰 성취감을 느
낄 수 있었다.

하지만 이런 기다림의 장점에도 불구하고 기다림을 관리하지
않으면 그 비즈니스는 실패할 가능성이 크다. 드래곤볼의 마인 부

우 편을 살펴보자. 손오공은 부우에게 대항하기 위한 시간을 벌기 위해 기다려 달라는 요청을 한다.

"네가 찾고 있는 세 명은 이틀 후에는 반드시 나타난다. 그러니까 그때까지만 얌전히 좀 있어 줘! 무의미한 살상은 그만두라고. 단지 이틀이다."

이제까지의 적은 강한 상대와 싸우는 것을 재미있는 게임 정도로 생각했고, 이를 위해 기꺼이 기다리면서 강한 상대와의 싸움에 큰 가치를 부여했다. 하지만 부우는 달랐다. 지루함을 달래기 위해 도시를 파괴하고 사람들을 죽이면서 무의미한 살생을 시작한 것이다. 비즈니스에서도 긴 대기 시간은 치명적인 손실로 이어질 수 있다. 너무 긴 대기 시간은 소비자에게 짜증을 유발하고, 이는 불만스러운 고객 경험을 제공해 고객 이탈과 매출 하락으로 이어진다. 그렇다면 고객 이탈을 방지하는 대기 시간 관리는 어떻게 해야 할까?

중국의 유명 식당인 하이디라오훠궈海底撈火鍋의 사례를 들어 보자. 하이디라오훠궈는 1994년 쓰촨성에서 시작된 중국식 샤브샤브 요리인 훠궈 전문점으로 맛집으로 소문이 나자 각지에서 손님들이 몰려 들었다. 1년에 방문하는 고객이 3만 명에 이르렀다. 그 바람에 음식을 먹기까지 보통 1~2시간의 대기 시간이 소요됐다. 하지만 하이디라오훠궈는 대기 시간 관리를 통해 손님들의 불만을 해소하고 중국 20여 개의 도시에 80개가 넘는 직영점과 1만 명이 넘는 직원을 거느린 대기업이 되었다.

하이디라오훠궈는 긴 대기 시간을 역으로 이용해 차별화된 서비스를 제공함으로써 더욱 유명해졌다. 하이디라오훠궈는 대기 고객에게 과자와 과일, 음료를 서빙했다. 직원들은 상주하고 있다가 그릇이 비워지면 새로운 간식을 제공한다. 또한 기다리는 고객을 위한 네일아트 및 네일케어 서비스도 준비했다. 이뿐만 아니라 구두를 닦아 주는 서비스와 아이들을 위한 놀이방까지 갖췄다. 더 나아가 하이디라오훠궈는 고객의 의견을 적극 수용하기까지 했다. 이들은 홈페이지에 고객 제안 게시판을 만들어 '아이들 놀이방에 좀 더 다양한 장난감을 구비해 달라', '네일아트 서비스를 받은 후 식사에 불편함이 없게 네일 건조기를 설치해 달라' 등 다양한 고객의 의견을 수용해 매장에 반영했다.

프로세스 시작 전의 기다림은 프로세스 안에서의 기다림보다 길게 느껴진다. 공항 라운지에서 30분 대기, 탑승하는 줄에서 10분 대기가 같은 40분이라도 라운지에서 40분 대기하는 것보다 짧게 느껴지는 것이다. 하이디라오훠궈는 테이블에 앉고 나서가 아니라, 식당 입구에 들어서면서부터 서비스가 시작되는 프로세스를 통해 기다림을 식당의 차별화로 만들었다. 즉 이들은 기다림의 시간을 서비스 프로세스의 일부로 개선해 이를 차별적인 브랜드 고객 경험으로 승화시킨 것이다.

순수 악이 되어 버린 마인 부우는 강한 기를 느끼고 신전으로

쳐들어온다. 자신의 싸움 상대를 찾기 위해서였다. 아직 퓨전 기술이 미숙한 손오천과 트랭크스는 시간과 정신의 방에서 연습하고 있었기 때문에 피콜로는 마인 부우에게 또다시 한 시간을 기다려 달라는 부탁을 한다. "좋아 기다려 주겠다. 하지만 시간이 되면 모두 죽여 버릴 테다." 마인 부우는 또다시 기다리는 결정을 한다. 하지만 이번에도 마인 부우의 인내심은 그리 길지 않았다. 30분이 채 안 되어 못 기다리겠다며 신전을 부수고 날뛰기 시작했다.

피콜로는 한 가지 묘안을 제시한다. "알았다. 싸우게 해주지. 따라와." 피콜로는 일부러 시간과 정신의 방으로 들어가는 길을 아주 천천히 걷고, 빙빙 돌아가지만, 부우는 "아직 멀었어? 어디까지 가는 거지?"라고 의심을 하면서도 피콜로를 고분고분 따라간다. 무료했던 프로세스 이전의 기다림과는 다르게 이미 자신이 프로세스 안에 들어와 있음을 인지한 마인 부우의 반응은 훨씬 부드러워진 것이다.

고객의 기다림은 기업에게는 양날의 검과 같다. 이것을 잘 관리하면 다른 기업이 제공할 수 없는 차별성을 통해 큰 성장을 가능케 하지만, 관리하지 못하면 고객은 이탈하고 오히려 타사 제품의 편에서 적극적인 비방자로 돌아서고 만다. 기다림에 대한 조직의 프로세스와 서비스 수준을 다시 점검하는 것이 조직 경쟁력을 위한 중요한 전략이 될 수 있다.

## 2
# 베지터의 탁월함은 어디서 오는가

손오공과 베지터의 관계는 마치 모차르트와 안토니오 살리에르의 관계를 떠오르게 한다. 어린 시절부터 부모로부터 재능을 인정받아 훌륭한 교육을 받고 성장한 모차르트, 그리고 자신의 노력으로 궁정악장이 된 살리에르의 관계 말이다. 영화 〈아메데우스〉를 보면 살리에르가 절규하는 장면이 나온다.

"왜 제게는 재능 대신 천재를 알아볼 수 있는 능력을 주셨나이까!"

이는 마치 "빌어먹을 카카로트 자식! 언제나 똑같아. 언제나 나보다 한발 앞서가고 있단 말이야……"라며 절규하는 베지터의 모습과 흡사하다. 하지만 베지터는 재능을 시기한 살리에르와는 달리 연습으로 재능을 만들어 냈다는 차이가 있다.

드래곤볼 작품 전체를 통틀어 손오공이 가장 마지막까지 천재이자 라이벌이라고 인정한 인물은 단연 베지터였다. 손오공은 셀과의 전투를 앞둔 상황에서 베지터가 시간과 정신의 방에서 돌아오지 않자 이런 말을 한다.

"베지터는 천재다. 초사이어인의 벽은 이미 넘었을 텐데……."

드래곤볼에서 No.1은 주인공 손오공이라고 치더라도 베지터만큼은 그 강함에서 존재감이 남달랐다. 베지터는 사이어인 편에서는 손오공과 동료들에 의해 아쉽게 패배했지만, 실제로는 손오공이 따라가기 버거울 정도로 압도적인 실력 우위를 보였다. 프리저 전에서도 기뉴특전대의 핵심 멤버인 자봉과 도도리아를 해치웠으며, 셀 전투에서는 2단계 형태의 셀을 압도적으로 제압한다. 베지터를 천재라고 인정할 수 있는 부분은 이 모든 것을 혼자의 힘으로만 이루어 냈다는 것이다.

손오공은 어려서부터 그의 양할아버지인 무도가 손오반으로부터 무술을 익혔으며, 거북신선류의 창시자이자 무술 대가로 추앙받던 무천도사와 천계의 인물인 카린에게 체계적인 훈련을 받았다. 라데츠와의 전투에서 죽임을 당한 이후에도 은하계를 다스리는 계왕 밑에서 계왕권, 원기옥 등 다양한 필살기를 꾸준히 학습해 강해졌다. 즉 성장의 시기에 맞춰 최고의 실력자들에게 엘리트 교육과 철저한 코칭을 받아온 것이다.

이에 반해 베지터는 오직 혼자만의 힘으로 초사이어인을 비롯한 모든 파워 업을 이뤄냈다. 그의 실력은 삶과 죽음을 넘나드는 실전과 경험 속에서 다져졌다. 그가 받은 외부의 도움은 브루마의 아버지인 브리프 박사가 만들어준 300배 중력실 그리고 정신과 시간의 방이 전부였다. 코믹스의 후반부로 전개될 때에도 손오공은 야드래트성 성인들에게 순간이동의 기술을 학습하지만, 베지터는 오로지 혼자만의 힘으로 중력을 이겨내는 단순한 트레이닝을 통해 파워 업을 이뤄낸다. 이렇게 외부의 도움을 전혀 받을 수 없는 불리한 환경 속에서 끊임없이 성장을 이루어 낸 베지터의 비밀은 무엇일까?

미국의 저널리스트 제프 콜빈<sup>Geoff Colvin</sup>은 그의 저서 《재능은 어떻게 단련되는가》<sup>Talent is Overrated</sup>에서 재능은 타고나는 것이 아니라 신중하게 계획된 연습을 통해 단련된다고 했다. 제프 콜빈은 연습에 투자하는 시간은 개인에 따라 많거나 적을 수 있지만, 적당한 시간을 투자하지 않고서는 어느 누구도 특정 등급에 이르지 못한다고 말한다. 더 높은 성과를 위해 노력해온 기간이 전문가와 평범한 사람을 가른다는 것이다. 이는 한 가지 일에서 큰 성과를 이루기 위해서는 1만 시간 동안의 학습과 훈련이 필요하다는 말콤 글래드웰의 '1만 시간의 법칙'과 일맥상통하는 내용이다.

그런데 중요한 것은 단순한 시간 투자가 모두 성과로 연결되는 것이 아니라 신중하고 계획된 훈련을 집중적으로 진행할 때 의미 있는 성과로 연결된다는 것이다. 플로리다주립대학의 안데르스 에

훈련 중인 베지터

릭슨<sup>K. Anders Ericsson</sup> 교수의 연구 결과에 의하면 탁월한 성과를 보인 운동선수, 외과의사, 피아노연주자는 자신의 동작 혹은 활동을 작은 단위로 쪼개 그 작은 활동 단위에 집중해 반복되는 훈련을 한다고 한다. 골프선수 타이거 우즈는 비를 맞으며 4시간 동안 동일한 스윙을 연습했다. 그리고 반복되는 자신의 스윙을 관찰하면서 알아차릴 수 없을 정도의 미세한 조정을 통해 좀 더 효율적인 동작으로 개선을 했다.

에릭슨은 이것을 '신중한 훈련'<sup>Deliberate Practice</sup>이라 불렀다. 신중한 훈련의 가장 효과적인 방법은 바로 끊임없이 반복하는 것이다. 따라서 신중한 훈련은 재미없고 지루할 수밖에 없다. 대부분의 보통 사람들이 평범한 성과를 내는 데 그치는 것은 바로 이 때문이다. 스스로의 한계를 넘어서기 위해 자기 자신을 채찍질하는 사람은 드물다. 이것이 바로 탁월함의 차이를 만들어낸다.

그런데 신중한 훈련은 단순히 많은 연습을 함으로써 성과를 낼 수 있는 것이 아니다. 이것은 철저히 계획적이고 구조화된 연습을 통해 특정 부분을 집중, 개발하는 활동이다. 타이거 우즈는 극한의 상황에서 공을 컨트롤하는 역량을 기르기 위해 일부러 벙커에 골프공을 던져 놓고 이를 쳐내는 샷을 지속적으로 연습했다. 그리고 이것이 숙달되면 또 다른 불가능해 보이는 샷에 대한 구도와 스윙연습을 진행했다. 이것이 바로 신중한 훈련 방법이다.

베지터는 인조인간 편에서 자신이 수련해온 방식을 이렇게 이야기한다.

"난 오로지 강해지기만을 원했다. 그리고 무서울 정도로 특별 훈련을 반복했던 거야."

드래곤볼의 애니메이션 버전을 보면 베지터의 훈련 방식이 잘 묘사되어 있다. 그것은 중력실에 들어가 자신이 쏜 에너지포를 반복적으로 피하는 훈련을 계속하는 것이다. 그리고 그에 익숙해질 때면 중력을 더욱 올려 같은 동작을 반복한다. 이것이 베지터가 보여준 신중한 훈련인 것이다.

비즈니스에서도 마찬가지다. 탁월한 성과는 재능과 경험을 넘어 신중한 훈련을 통해 이루어진다. 좋은 스승이 없어도, 재능이나 경험의 디폴트 값이 낮아도 괜찮다. 레이 크록<sup>Ray Kroc</sup>이 맥도날드를 인수하고 프랜차이즈 사업에 뛰어들었을 때는 52세였고, 아돌프 다슬러가 아디다스를 창업했을 때 그의 나이는 49세였다. 잭 웰치는 선천적 재능이 있는 비즈니스맨이 아니었다. 그는 닥터 웰치로 불리길 좋아하는 화학을 전공한 엔지니어였다. 중요한 것은 누적된 경험이나 재능이 아니라 반복된 훈련이다. 베지터가 모든 불리한 조건을 뛰어넘어 최고의 전사가 될 수 있었던 비밀이 신중한 훈련에 있었음을 기억하자.

# 3
# 손오공은 어떻게
# 어른이 되었나

드래곤볼은 이제까지 볼 수 없었던 수많은 창의적 시도를 통해 관련 미디어 믹스 산업의 흐름과 만화계의 판도를 바꿔 버린 작품이었다. 창의적 콘텐츠로 원소스 멀티유즈<sup>OSMU, One Source Multi Use</sup>의 전략적 원형이 되었고, 콘텐츠 비즈니스의 새로운 지평을 열었다. 모든 배틀 소년 만화가 드래곤볼의 영향력 아래 있었고, 스크린톤 사용의 절제와 영화식 앵글을 구현한 토리야마식 화풍은 〈원피스〉의 작가 오다 에이치로<sup>尾田栄一郎</sup>, 〈나루토〉의 작가 키시모토 마사시<sup>岸本斉史</sup> 등 후대 만화가들에게 지대한 영향을 미쳤다. 그리고 무엇보다 중요한 것은 드래곤볼이 보여준 창의성의 원리가 비즈니스 세계에서도 유효하게 적용된다는 점이다.

시간이 갈수록 창의성은 기업에서 중요한 역량으로 자리 잡고 있다. 창의성을 가진 인재의 확보가 4차 산업혁명 시대를 주도할 핵심 요소로 부상했기 때문이다. 최근 다보스에서 열린 세계경제포럼WEF, World Economic Forum에서 발표된 '미래고용보고서'는 창조적 문제 해결 능력을 보유하는 것이 인공지능에 대체되지 않고 4차 산업혁명 시기를 이끌어가는 리더의 조건임을 명시했다. 이에 따라 기업에서도 창의성을 기르기 위한 다양한 시도가 이뤄지고 있다. 하지만 기업의 노력에도 불구하고 조직 내에서 창의성 발현은 쉽지 않다. '창의성'이란 추상적인 역량을 구체화하거나 어떻게 사용할지에 대한 방법을 모를뿐더러, 안다고 하더라도 창의적 사고에는 항상 저항이 따르기 때문이다. 그렇다면 드래곤볼에서 배울 수 있는 창의성의 원리는 과연 무엇일까?

드래곤볼의 초대 편집자 토리시마 카즈히코鳥嶋和彦는 인터뷰를 통해 드래곤볼이 어떤 방식을 통해 창의성을 발현시킬 수 있었는지에 대해 밝힌 바 있다.

"만화가로서 토리야마의 큰 특징은 그가 만화를 읽지 않았다는 데 있었습니다. 자신 역시 만화가이지만 남의 만화에 전혀 흥미가 없었죠. 나도 연출자로서 여기(집영사 〈소년 점프〉 편집부)에 들어오기까지 소년 점프라는 잡지도 몰랐고, 만화를 본 적도 없었어요. 만화를 본 적이 없는 편집자와 만화에 흥미가 없는 만화가 둘이 만나니까 이제까지 만화에서 볼 수 없었던 전혀 새로운 형태의 만화를 만들게 됐습니다."

토리시마는 어떠한 질서도, 규칙도, 매뉴얼도 없는 환경이었기 때문에 드래곤볼 같은 놀라운 창의적 결과물을 만들 수 있었다고 말한다. 드래곤볼 천하제일 무도회 스테이지 뒤에는 바리케이드로 사용되는 석상이 나온다. 처음에는 토리야마가, 그리고 다음부터는 어시스턴트가 따라 그리게 했다. 원고를 보낼 때 어시스턴트가 "이거 매번 그리자니 꽤 귀찮네요"라고 말했다. 토리야마는 "아, 그럼 부수자"라고 말한다. 그리고 손오공을 석상에 부딪치게 해 부숴 버리고 "이제 그리지 않아도 돼!"라고 말한다. 토리시마는 훗날 "이런 방식은 그가 만화를 전혀 몰랐기 때문에 생각해 낼 수 있는 방식이었다"고 회고했다. 창의적인 작품의 비결은 기존 만화 스타일을 답습하거나, 만화 산업의 관습을 따르지 않는 무질서에 가까운 자유분방함에서 나왔다는 것이다.

미네소타대학의 연구팀은 무질서와 창의성 간의 상관관계에 대한 실험을 진행한 적이 있다. 실험 참가자를 48명으로 구성된 2개의 그룹으로 나누고, 한 그룹은 정리정돈이 잘 되어 있는 회의실, 또 다른 그룹은 어지럽혀진 회의실에 배치했다. 그리고 '탁구공의 새로운 쓰임새를 제시해 보라'는 가이드를 주었다. 그 결과 무질서한 회의실 그룹의 참가자들이 평균 1.8개의 쓰임새를 제시하고 7.8점의 창의성 점수를 기록한 반면, 정리정돈이 되어 있는 회의실의 참석자는 1.4개의 쓰임새를 제시하고 5.6점의 점수를 받았다. 사람들이 일반적으로 무질서에 비해 질서를 바람직하게 여기지만, 적어도 창의성에 있어서는 무질서가 도움이 되었다는 이야기다.

창의성은 기존의 틀을 벗어나는 것이다. 그러므로 전통과 질서를 파괴하는 것으로부터 변화와 혁신이 시작되는 것이다. 그리고 창의력 발현을 위해서는 제약된 시간과 예산, 지침에 따르는 것보다 자율적인 재량권이 부여된 융통성 있는 환경에서 작업하는 것이 훨씬 탁월한 결과물을 가져올 수 있다. 적당한 무질서는 새로운 생각을 가져오고, 새로운 관점을 제공하기 때문이다.

미국 코네티컷주립대학교의 심리학 교수인 제임스 카우프만 James C. Kaufman은 에디슨이나 피카소 등 역사적으로 창의성이 뛰어난 인물을 분석하고 다음과 같은 공통점을 발견했다.

"그들은 복잡하고 모호한 것을 좋아하며, 무질서와 혼란을 견디는 내성이 비상하고, 혼돈 속에서 질서를 끌어내는 능력이 있다."

이게 바로 창의성을 위해 일정한 무질서를 추구하는 것이 중요한 이유이다.

드래곤볼의 창의성은 새로움을 받아들이고 장려하며, 창의적 시도에 따른 실패를 용인해 주는 환경에서 나올 수 있었다. 어느 날 토리야마 아키라는 토리시마에게 손오공의 비율을 크게 바꾸고 싶다고 말한다. 3등신 아이에서 8등신 캐릭터로 비율을 바꾸겠다는 것이다. 하지만 이것은 콘텐츠의 모든 결과를 책임져야 하는

첫 등장 시 손오공                    8등신으로 등장한 손오공

편집자에게는 상당한 위험을 수반하는 사항이었다. 만화라는 것
은 주인공을 얼마만큼 독자에게 이슈화시키느냐, 주인공의 전개를
어떻게 가지고 가느냐에 따라 성공이 갈리기 때문이었다. 비율을
늘린다는 것은 캐릭터 자체를 바꾸는 것이기에 만화의 룰에 어긋
나는 것이었다. 캐릭터의 그림이 바뀌는 것은 독자에게는 이미지
가 바뀌는 것으로, 독자가 조금이라도 이상하게 받아들일 경우 급
격한 인기 하락과 연재 종료로까지 이어지는 심각한 문제였다.

드래곤볼의 액션은 피콜로 대마왕과의 전투를 기점으로 리얼하고 급박한 싸움이 되어 버려 3등신 캐릭터로는 더 이상 액션 동작의 한계를 극복할 수 없었다. 근육의 움직임 묘사를 통한 액션의 디테일을 3등신 캐릭터에서는 살릴 수 없다는 게 토리야마의 주장이었다. 결국 토리시마는 이 제안을 받아들인다.

8등신 손오공이 첫 등장하기로 예정되어 있던 화요일 오후 3시(당시 〈점프〉지는 주 고객인 초등학생의 하교 시간에 맞춰 오후 3시에 발행되었음), 토리시마는 사무실에 앉아 빗발칠 독자들의 항의를 대비해 전화기 앞에 앉아 있었다. 하지만 성인 독자 한 명의 전화 이외에 별다른 전화를 받지 못했다. 그리고 이 때를 기점으로 드래곤볼의 인기는 급상승하기 시작한다.

비즈니스에서도 창의성 발현을 위해서는 새로운 아이디어를 장려하며, 실패를 수용하는 조직 문화가 필요하다. 혼다<sup>Honda</sup> 자동차는 '올해의 실패왕'이라는 독특한 사내 제도를 두고 있다. 매년 가장 크게 실패한 연구원에게 100만 엔의 상금을 주는 제도로, 혼다는 이 제도를 통해 실패를 두려워하지 않고 창의성을 발휘할 수 있는 조직 문화를 구축했다. 이를 통해 세계 최초의 2족 보행 로봇 아시모<sup>Asimo</sup>, 세계 최초 전방위 이동 전동차 개발 등 세계 최초의 타이틀을 가장 많이 가진 기업 중 하나가 됐다. 영국 가전기업 다이슨<sup>Dyson</sup> 또한 '성공은 99%의 실패'라는 모토를 가지고 직원들의 실패를 장려해 큰 성과를 이뤄냈다. 미국 무선통신 개발 기업인 퀄컴<sup>Qualcomm</sup>은 신규 직원 교육 시 회사가 도전한 실패 영상을 보여줌으로써 실패를 교육한다. 실패에 대한 두려움을 없애고 창의적 시도를 장려하기 위함이었다.

드래곤볼에서 창의성이 발현되는 방식은 비단 만화에 국한되는 것이 아니라, 비즈니스 전반에 걸쳐 큰 시사점을 준다. 프로세스와 효율만 강조하는 업무 방식에서 벗어나 자유로운 창의 활동을 위한 지원과 새로운 시도를 장려하고 그에 따른 실패를 용인하는 조직 문화 구축이 결국 토리야마 아키라와 같은 인재를 육성하고 드래곤볼과 같은 위대한 제품을 만들어 낼 수 있었다.

# 4
# 시간과 정신의 방에서 배우는 시간 관리

손오공과 프리저가 최후의 전투를 벌인다. 손오공은 초사이어 인이 되어 프리저의 힘을 압도하고 있었고, 승산이 없다는 것을 인지한 프리저는 나메크성 자체를 파괴하는 전략을 사용한다. 사이어인들과는 달리 자신은 우주 공간에서도 살아남을 수 있다는 것이 프리저의 계산이었다. 프리저는 에너지포를 나메크성으로 날렸지만 바로 파괴되지 않았다. 자신도 폭발에 휘말릴 것을 염려한 프리저가 파워 조절에 실패했기 때문이다.

"큭큭, 이 별은 순간적인 폭발은 면했지만 중심은 파괴되었다. 이제 5분 뒤에는 대폭발을 일으켜 우주의 먼지가 될 것이다."

프리저는 자신의 승리를 확신하며 이렇게 말한다. 재미있는 것

은 5분을 예고하고 시작한 전투가 애니메이션 버전에서는 무려 4시간 동안 지속되었다는 점이다. 1991년 6월 26일 97화 '나메크성의 파괴!?, 대지를 관통한 악마의 섬광'<sup>ナメック星消滅か!?, 大地を貫く魔の閃光</sup> 편에서 프리저가 나메크성에 구멍을 뚫었고, 나메크성이 실제로 폭발한 것은 9월 4일 106화 방송분 '나메크성 대폭발!! 우주로 사라진 오공'<sup>ナメック星大爆発!! 宇宙に消えた悟空</sup> 편으로, 2달을 넘긴 후였다.

특수 상대성 이론에 보면 '시간 지연'<sup>Time dilation</sup>이라는 개념이 나온다. 이는 단지 이론이 아니라 인공위성과 지상에 각각 시계를 둔 상태에서 시행한 실험을 통해 실제로 확인된 현상이다. 간단하게 말하자면 '매우 빨리 움직이는 물체의 시간은 느리게 간다'는 개념이다. 빨리 움직이는 물체의 시공간은 수축되어 점점 느려지게 된다. 그리고 운동의 속도가 빛의 속도에 가까워질수록 엄청난 시간 지연이 나타난다는 것이다. 드래곤볼에서 나오는 시간 지연 또한 상대성 이론의 개념이 적용된 것이다. 자신의 한계를 뛰어넘은 초 사이어인 손오공, 그리고 3단에 걸친 최종 변신 단계에서 100% 풀 파워 업을 한 프리저의 빠른 전투 속도가 상대적으로 나메크성의 시간을 천천히 흐르게 했던 것이다.

드래곤볼에는 또 다른 시간 지연 설정이 나온다. 바로 '정신과 시간의 방'<sup>精神と時の部屋</sup>이라는 수련의 방이다. 방 안에 들어가면 지구 크기의 새하얗고 아무것도 없는 공간이 펼쳐진다. 이 공간은 중력이 지구의 10배이고, 공기도 4분의 1밖에 없으며, 일교차도 심해서 섭씨 50도에서 영하 40도까지 변화한다. 이 정신과 시간의 방에서

는 시간 지연 현상이 나타나는데, 하루가 1년이 된다. 셀이 등장할 때 베지터와 트랭크스는 이곳에서 이틀을 수련하여 초사이어인의 한계를 넘은 파워를 얻는다. 손오공과 손오반도 이곳을 통해 짧은 기간에 셀을 물리칠 만한 파워를 얻어서 나온다. 이는 일반 상대성 이론에서 말하는 '천체의 중력장은 시간의 흐름을 늦춘다'는 개념이다. 중력이 센 곳일수록 시간은 느리게 흘러간다는 것이다. 따라서 Z전사들은 중력이 강한 정신과 시간의 방에서 자신을 파워 업 할 수 있는 충분한 시간을 확보할 수 있었다.

어느 대기업에서 진행하던 프로젝트가 난관에 봉착했다. 경영진은 이 프로젝트를 바로 잡고 다시 재개시킬 재능 있고 유능한 직원을 프로젝트의 총책임자로 임명한다. 하지만 한 가지 문제가 있었다. 이 직원은 이미 주 5일, 하루 18시간씩 업무에 매달리고 있었던 것이다. 이 상황을 대표이사에게 보고하자 그는 이런 답변을 한다.

"월요일부터 금요일까지 30시간이 더 남아 있는 데다 주말에는 추가적으로 48시간의 여유가 더 있다."

이처럼 대부분의 직장인들은 끊임없이 쏟아지는 업무 지시와 직원들의 시간이나 업무 효율성을 고려하지 않는 의사 결정 때문에 시간 관리의 어려움을 겪는다. 기업이 원하는 것은 단지 주어진 시간과 계획에 따른 성과이고, 변해야 하는 것은 직원들의 시간인 것이다. 다행인 것은 비즈니스 세계에서도 드래곤볼의 정신과 시간의 방에 들어갔다 온 것 같은 시간 지연이 가능하다는 것이다.

시간과 정신의 방

시간 지연 적용을 위한 핵심 요소는 '선택'이다. 누구에게나 시간은 동일하다. 단지 주어진 시간에 무엇을 할 것인가를 본인이 선택할 뿐이다. 따라서 시간을 운영한다는 것은 결국 선택에 대한 의사 결정일 수밖에 없다. 그리고 제대로 된 의사 결정은 시간을 가변적으로 만들어 버린다. 업무 효율을 가져와 업무량은 줄어들고 활용하는 시간이 늘어나기 때문이다. 그렇다면 우리는 어떤 선택을 해야 할까?

과거에는 중요한 업무를 선택했다면, 이제는 상황이 많이 달라졌다. 급변하는 현재 비즈니스 상황에서는 눈앞에 동시다발적으로 닥쳐오는 업무의 선택이 그 정답일 수 있다. 스티븐 코비[Stephen Covey], 하이럼 스미스[Hyrum Smith]를 비롯한 대부분의 시간 관리 전문가들은 긴급성과 중요도에 따라 업무를 순차적으로 처리해야 한다고 말한다. 이것은 계획한 순서에 따라 하나씩 업무를 처리하는 방법이다. 하지만 최근 이 전통적인 시간 관리에 반하는 연구 결과가 학계에 발표됐다.

영국 시티대학City, University of London 반젤리스 소우이타리스Vangelis Souitaris 교수 연구팀은 여러 업무를 동시에 진행하는 스타일일수록 성과가 좋다는 증거를 찾아냈다. 여러 업무를 동시에 처리하거나 갑자기 불쑥 끼어드는 일을 곧바로 처리하는 게 효율적이라는 것이다. 이와 같은 개념을 학계에서는 '복합 시간성'Polychronicity이라고 하는데, 연구 결과에 따르면 복합 시간성은 기업의 의사 결정 속도를 높여서 효율적인 시간 활용을 가능하게 하고 성과에도 긍정적인 영향을 주는 것으로 나타났다.

시스코 시스템즈CISCO Systems의 CEO 척 로빈스Chuck Robbins는 포춘지와의 인터뷰에서 "리더십을 무력화시키는 것은 질질 끌면서 방해하는 행동이다"라고 말해 즉각적인 업무 처리와 행동이 조직에 있어 가장 중요함을 언급했다. 유니클로의 야나이 다다시柳井正 회장 또한 '곧바로 재빨리 업무를 처리한다'는 방식을 통해 유니클로를 성공으로 이끌었다. 돌다리도 두드려 보고 간다는 기존 일본 기업들의 경영 관행을 깨고 복합 시간성을 활용한 경영의 결과였다.

과거 20세기 대량 생산체제에서는 시간의 순차를 중요시하는 단순 시간성이 효율을 높였다. 사전에 철저하게 계획하고 경중을 따져 업무에 임해야 생산성을 높일 수 있었다. 하지만 21세기에 들어 외부 환경이 급변하고 불확실성이 높아지면서 유연성이 기업의 경쟁력 강화에 매우 중요한 요소로 부상했다. 따라서 사전 계획보다는 즉각적인 대응을 중시하는 복합 시간성이 오히려 성과에 긍정적 영향을 끼친다. 하루 18시간을 업무에 매달렸던 영국 전 총리 처칠은 살인적인 업무량을 바로바로 처리하는 복합 시간성을 활용할 줄 알았다. 따라서 엄청난 양의 업무를 감당하더라도 심리적으로 부담을 덜 느끼고 빠르게 의사 결정을 내릴 수 있었다. 미리 정해 놓은 업무나 우선 순위에 따른 업무보다 실시간으로 반영되어 들어오는 정보와 지식을 활용해 의사 결정의 질은 높이면서 시간 효율은 향상시킨 것이다.

드래곤볼에 등장하는 Z전사들의 실패 원인은 계속 등장하는 강한 적들에 비해 파워 업의 속도가 따라가지 못했기 때문이다. 하지만 Z전사들에게는 수련할 시간을 벌 수 있는 정신과 시간의 방이라는 시간 지연 장치가 있었다. 비즈니스에서도 마찬가지다. 절대 감당할 수 없을 것 같은 강도 높은 업무량이라도 전략적인 시간 관리를 한다면 이를 해결할 수 있다.

경쟁력 있는 조직은 시간 사용의 효율이 뛰어나다. 똑같이 주어진 주 40시간의 업무 시간도 시간의 탄력성을 이용해 80시간처럼 이용할 줄 아는 지혜가 있다. 그리고 핵심에는 비즈니스 환경에 재빨리 대처하는 시간 관리가 있다. 이제 우선순위에 따른 시간 관리뿐만 아니라, 시장에 대한 즉각적이고 유연한 대응과 빠른 의사 결정으로 놀라운 시간적 여유를 가져다주는 복합 시간성의 활용이 필요한 때이다.

# 5
# 드래곤볼에서 배우는
# 프로젝트 관리

토리야마 아키라 원작의 개그 만화 〈닥터 슬럼프〉를 애니메이션으로 만들어 대성공을 거둔 후지TV는 토리야마의 차기작은 무조건 애니메이션으로 제작한다는 결정을 한다. 제작사로는 토에이 동화東映アニメーション가 선정됐고, 드래곤볼 연재 시작과 동시에 애니메이션을 위한 프로젝트팀이 꾸려졌다. 팀은 총괄감독 아래 작화감독, 콘티 및 스토리 작가, 원화가, 음악팀, 특수효과팀 등으로 구성됐다.

코믹스의 에피소드 1화부터 194화까지의 이야기를 담은 드래곤볼의 첫 TV 시리즈는 1986년부터 1989년까지 후지TV를 통해 방영되었고, 이후 〈드래곤볼 Z〉가 1989년부터 1996년까지 연이어

방영됐다. 드래곤볼의 TV 시리즈는 코믹스의 인기에 힘입어 11년 간 평균 20%의 시청률을 기록했고, 전 세계에 수출되어 대성공을 거둔다. 유럽 만화 시장의 40%를 차지하고 있는 프랑스에서는 최고 시청률 87.5%까지 기록했고, TV 시리즈의 DVD는 미국에서만 2,500만 장의 판매량을 기록했다.

그런데, 이와 같은 대성공에 불구하고 애니메이션 시리즈 제작에는 여러 가지 문제점을 보였다. 이를 통해 우리는 드래곤볼 애니메이션팀이 겪었던 어려움을 통해 성공적인 프로젝트팀을 이끌기 위한 중요한 인사이트를 얻을 수 있다.

첫째, 드래곤볼 TV 애니메이션 프로젝트에는 시간 관리의 어려움이 있었다. 드래곤볼의 경우 완결된 코믹스로 애니메이션 작업에 들어간 것이 아니라, 코믹스 작업과 애니메이션 작업이 동시에 진행되었다. 때문에 원작 코믹스의 연재 속도가 애니메이션의 분량을 따라가지 못하는 문제가 발생했다. 두 페이지에 걸쳐 있는 장면을 30분짜리로 만들자니, 20분 분량 정도는 새로운 콘텐츠로 채워야 했다. 따라서 애니메이션 오리지널 에피소드를 추가적으로 제작해야 하는 일이 빈번히 발생해 일정에 맞게 방송하는 것이 쉽지 않았다. 그 결과 콘티 작업과 원화 제작까지 시간 소요를 고려하지 못해 매주 타이트한 일정 속에 방영되는 일이 빈번했다.

시간과 자원이 한정되어 있는 비즈니스 프로젝트에서도 시간

드래곤볼Z TV판 89화                  드래곤볼Z TV판 90화

관리는 핵심 사항이다. 따라서 프로젝트가 계획된 일정대로 진행되는 것을 지속적으로 모니터링하는 체계화된 일정관리 프로세스가 필요하다. 하지만 프로젝트에서 시간을 관리하며 일정에 맞게 진행하는 것은 결코 쉬운 일이 아니다. 기본적으로 프로젝트는 수많은 불확실성을 수반하고, 경우에 따라서는 새로운 요구 사항이 추가되기도 하기 때문이다.

효율적인 프로젝트 시간 관리를 위해서는 보이지 않는 요소인 시간을 시각화해서 관리하는 것이 도움이 된다. 슬론 매니지먼트 리뷰Sloan Management Review는 독일 창호 생산 기업인 로토 프랑크Roto Frank의 사례를 통해 시각적 시간 관리를 소개한 바 있다. 로토 프랑크는 신제품 개발 프로젝트에 '시각 관리'Visual Managememt 라는 개념을 도입해서 성공적인 일정 관리로 프로젝트를 성공으로 이끌었다. 프로젝트에는 간트 차트 Gantt chart 형식의 일정표가 주어졌지만, 실제로는 프로젝트의 담당자들이 내용 업데이트와 정확성에 책임을 지지 않았다. 따라서 프로젝트 매니저들은 진행 상황을 체크하느라 담당자들을 직접 찾아가 물어보는 비효율이 발생했다.

프로젝트팀은 이 문제의 해결을 위해 시각적인 도구를 사용했는데, 맡은 태스크가 프로젝트 전체에 영향을 줄 정도로 지연되면 레드카드를, 예정대로 진행되고 있으면 그린카드를 들어 올릴 것을 요구했다. 레드카드가 올라가면 30분 이내로 레드카드팀으로 불리는 특별대책반이 즉각적인 문제 해결을 위해 투입됐다. 로토는 이 방법을 통해 프로젝트 지연을 막고 성공적으로 신제품을 런칭할 수 있었다.


둘째, 드래곤볼 애니메이션팀의 가장 큰 어려움으로 나타났던 품질 문제가 이슈화됐다. 급박하게 돌아가는 제작 시간도 문제였지만, 드래곤볼은 같은 애니메이션 제작사가 작품을 제작하는 방식이 아니었기에 자연스럽게 품질 문제가 생길 수밖에 없었다.

드래곤볼 애니메이션은 제작사인 토에이동화가 드래곤볼의 판권을 구매 후 제작을 책임지며 후지TV에 유통하는 방식으로 진행됐는데, 토에이는 이 프로젝트 진행을 위해 무려 11개의 외주 제작사를 고용했다. 즉 토에이와 나머지 외주 제작사를 돌려가며 제작을 하는 방식이었던 것이다. 예를 들면, 스튜디오 주니오 Studio Junio 가 1화 제작을 맡으면, 2회는 세이가샤 Seigasha 가 맡고, 3회는 라스트 하우스<sup>Last House</sup>가 진행하는 식이다.

토리야마에 의해 스토리가 확정되면 해당 회차를 배정받은 제작사가 콘티를 짜고 이를 다시 몇몇의 원화가들이 모여 제작을 하는 방식으로 제작되었다. 때문에 제작사의 수준에 따라, 원화 작가의 수준에 따라 작화 수준의 편차가 극심했다. 예를 들면 품질 문제는 에피소드 88화까지 좋은 작화를 유지하다가도 89회에서 갑자기 형편없는 퀄리티로 떨어지는 식으로 나타났다.

프로젝트를 진행하다 보면 이와 같은 다양한 위기 상황에 봉착한다. 임시방편으로 순간을 모면할 수 있더라도 제대로 된 위기 관리<sup>Risk management</sup>가 준비되어 있지 않으면 또 다른 위기를 맞게 된다. 그것이 위기를 사전에 예상하고 충분한 백업 플랜이 준비되어야 하는 까닭이다. 이는 업무 과다로 인한 프로젝트팀에 동기를 부여하는 것부터 프로젝트 멤버의 갑작스러운 부재 시 대체인력 투입 계획에 이르기까지 광범위한 모든 상황을 예측하고 대비하는 것을 의미한다.

토에이가 프로젝트 위험 관리 단계에서 원화에 대한 작성 가이드나 매뉴얼 배포를 통한 품질 관리를 고려했거나, 명확한 품질 검수 프로세스를 세팅했다면 상황은 달라질 수 있었을 것이다. 리스크 관리가 미흡했던 토에이는 값싼 외주사들을 고용해 제작 단가를 낮추고, 납기에 대한 위험을 분산시킬 수 있었으나, 품질 하락이라는 치명적인 결과를 가져왔다.

결과적으로 이런 수많은 어려움 속에서도 드래곤볼 TV 애니메이션 프로젝트는 성공을 거두었다. 하지만 이것이 아쉬움으로 남는 것은 잘 준비된 프로젝트팀의 성과였다기보다는 순수한 콘텐츠의 힘이었다는 점 때문이다.

# 6
# 손오공의 스승들은 왜
# 우스운 캐릭터인가

토리야마 아키라가 드래곤볼의 스토리를 이끌어가는 대표적인 방법은 '역발상적 사고'이다. 독자가 예상치 못한 방향으로 스토리를 이끌어 가면서 재미와 집중도를 높이고, 스토리의 정점에서 전혀 예상치 못한 방향으로 흘러가게 함으로써 극적인 전개를 펼치는 방식이다.

손오공은 성장해 가며 수많은 스승을 만나는데, 드래곤볼의 스승들은 위대한 스승들이 탁월한 실력과 성품을 겸비할 것 같다는 일반적인 상식을 벗어나, 하나같이 얼빠진 모습을 보여준다. 손오공의 초대 스승인 무천도사는 유년 시절의 손오공이나 크리링이 감히 넘보지 못할 뛰어난 실력의 무술가였지만, 거북이 코스프레

를 하고 있는 변태 할아범으로 그려지고, 우주의 신 중 가장 높다
는 계왕은 개그를 통해 자신을 웃겨야만 수련을 시켜준다는 조건
을 내건다. 암살자 타오파이파이에게 대항할 힘을 키울 스승을 찾
기 위해 카린탑에 올랐을 때 그 위에 있던 것은 다름 아닌 고양이
였다.

토리야마가 드래곤볼의 적들을 등장시키는 모습도 비슷한 형
태를 띤다. 매우 강하지만 독자들이 전혀 상상하지 못한 나사 빠
진 모습을 연출시켜 너무 심각해진 상황을 전환시킨다. 베지터가
두려워했던 기뉴특전대의 등장에 전대물戰隊物에 어울릴 법한 우스
꽝스러운 파이팅 포즈를 취하게 한다든지, 최고의 강적 마인 부우
를 초콜릿이나 과자를 좋아하는 비만 아이의 모습으로 등장시킨
다든지 하는 식이다. 토리야마는 피콜로 대마왕에게는 엉뚱하게
작은 플루트 악기인 '피콜로'라는 귀여운 이름을 붙였는데, '나쁜
녀석한테 나쁜 이름을 붙이는 건 멋이 없다'라는 이유에서였다.

세계적인 경영 전략 기업인 스테라테고스Strategus의 CEO 피터
스카진스키Peter Skarzynski는 수많은 비즈니스 혁신 사례의 연구 결과
'혁신은 세상을 바라보는 독특한 시각을 통해 가능하다'는 결론을
내리며 정설에 대한 도전이 필요하다고 강조했다. 비즈니스 세계에
서도 신규 사업을 성공적으로 안착시키거나, 경영 전략을 수립하
는 데에 역발상적 사고가 필수라는 이야기다.

미국의 승강기 회사 오티스OTIS는 세계 최초로 안전 브레이크가

수련의 조건으로 개인기를 요구하는 계왕

달린 승강기를 개발하지만, 기존 승강기보다 느린 속도 때문에 고객들의 불만이 많았다. 일반 승강기에 비해 가격도 비싸고 속도까지 느렸기 때문이다. 이를 개선하려면 추가적인 개발비와 시간이 들고 기존 제품에 대한 사업을 포기해야 했다. 하지만 이 문제는 의외로 간단히 해결되었는데, 한 여직원이 승강기에 거울을 달자고 제안했기 때문이다. 사람들은 거울을 보느라 속도가 느림을 인식하지 못했던 것이다.

2002년, 프랑스 맥도날드는 '언제나 즐겨라'는 광고 대신 '햄버거는 1주일에 한 번만 먹어라'는 광고를 했다. 당시 패스트푸드가 비만을 초래한다는 부정적인 인식이 강했기에 맥도날드는 이런 광고를 통해 '맥도날드는 당신의 건강을 생각한다', '적당한 햄버거의 섭취는 건강에 해를 끼치지 않는다'라는 메시지를 전달한 것이다. 결과적으로 맥도날드는 역발상 전략을 통해 '브랜드 인식 개선'과 '매출 증대'라는 두 마리 토끼를 모두 잡을 수 있었다.

역발상은 일반적인 상식의 틀을 깨고 새로운 접근을 하는 방법이다. 기존에 고수해왔던 전략, 상식에서 오는 선입관과 관행의 질서를 부수는 과감함을 통해 차별성을 찾는 전략이다. 아무도 생각할 수 없었던 방법이기에 단시간에 시장을 장악하고, 짧은 기간에 큰 성장을 가져온다. 그렇다면 어떻게 역발상적 사고를 기를 수 있을까?

역발상적 사고를 기를 수 있는 방법은 의도적으로 거꾸로 접근한 뒤 새로운 기능을 찾아보는 방법이다. 성균관대학교 박영택 교수는 이 방식을 '역전 도발'Reversal Provocation이라 부르며, 역발상의 방법으로 제안했다. 우리가 당연하다고 생각하는 것을 거꾸로 뒤집고 새로운 효용이나 용도를 찾는 것이 큰 도움이 된다는 것이다.

많은 사람들이 신발은 가벼워야 한다고 생각한다. 하지만 이를 역으로 '신발이 무거우면 어떤 효용이 있을까?'를 생각해 보는 것이다. 무거운 신발은 운동할 시간이 없는 사람들에게 걷는 것만으로 운동 효과를 보게 하는 다이어트 제품이 될 수 있다. 실제로 2006년 홈쇼핑에서 황영조의 '무거운 다이어트 신발'이라는 제품이 판매되어 화제가 된 적이 있다. 일본 디자이너 히로시 카지모토는 우산 살대가 밖으로 나와 있는 형태의 우산을 만들면 어떨까 하고 생각했다. 실제 우산 살대를 밖으로 붙이는 구조에서는 강한 바람에도 우산이 뒤집히지 않고, 우산을 접을 때 물이 안쪽으로 모여 옷이 젖는 불편함을 줄일 수 있었다. 히로시는 이 역전된 형태의 우산을 시장에 내놓아 좋은 반응을 얻었다.

토리야마 아키라도 이와 같은 방식으로 기발한 아이디어를 계속 창조하며 작품을 연재했다. 예를 들면, 작중 초반에 신이 사는 신전과 현실 세계를 구분하고 연결하는 장치를 고민하다가 손오공의 늘어나는 여의봉으로 연결해 보면 어떨까 생각해 보았던 것이다. '여의봉이 단순한 무기인 줄 알았겠지만, 사실은 신전과 현실 세계를 연결하는 고리였다'는 식의 전개를 한 것이다. 또는 사실 손오공이 우주인이었다면서, 그 증거로 손오공의 꼬리를 내미는 방식을 통해 작품에 개연성을 부여해가며 독자들의 공감을 이끌어낸 것이다.

마이클 델, 래리 페이지, 스티브 잡스 등 200명의 비즈니스 혁신 리더들을 분석한 런던 비즈니스 스쿨의 게리 해멀 교수는 이들에게 공통적으로 나타나는 첫 번째 특성은 역발상적 기질이 강한 점을 꼽았다. 그 결과 역발상이 기업의 핵심 경쟁력으로 떠올랐다. 이것이 경영진의 리더십에서 제품 생산에까지 조직의 경영활동에 큰 영향력으로 작용함은 아무도 부인할 수 없을 것이다. 이제는 익숙해진 방식에서 벗어나 아무도 상상하지 못했던 새로운 발상을 통해 비즈니스를 이끌어가는 전략을 고민해 보아야 할 때다.

# 7
# 오룡의 5분 법칙과 업무 시간 활용

드래곤볼 초반에 나오는 인물 중에 오룡이라는 돼지 형상의 캐릭터가 있다. 오룡은 서유기를 원작으로 하는 어드벤처 만화라는 드래곤볼 초기 설정에 따라 저팔계를 모티브로 한 캐릭터였다. 토리야마 아키라는 자신의 방식에 따라 캐릭터를 재해석해 드래곤볼에 등장시켰다. 캐릭터의 복장이 성격을 상징적으로 나타내거나 이미지에 큰 영향을 주는 것으로 미루어 보아 첫 등장 시 중국 인민해방군 복장을 하고 있던 오룡은 어두운 내면을 가진 캐릭터로 설정한 듯했다. 실제로 오룡은 손오공과는 달리 냉소적이고 계산적인 성격의 캐릭터로 그려졌다. 그리고 이는 손오공과 함께 드래곤볼 초기 스토리를 이어가는 대극 콤비라는 점에서 훗날 크리링이라는 캐릭터의 원형이 되기도 했다.

오룡은 돼지라는 것 외에 별다른 특징은 없지만 변변찮은 변신 능력을 갖추고 있었다. 그는 자신의 변신 능력을 악용해서 무서운 겉모습으로 변신하고서는 마을 사람들을 겁주고 여자들을 자신에게 바치게 했다. 물론 손오공에게 바로 저지당하지만 말이다. 오룡의 변신 설정은 별도의 해설란을 통해 설명되고 있는데, 변신 시간은 단 5분이며, 5분이 지나면 변신이 풀리고 1분 동안의 휴식을 통해 다음 변신이 가능하다는 내용이다.

눈여겨볼 것은 이 5분 몰입, 1분 휴식이라는 설정이 비즈니스 세계에서도 꽤 유의미한 방식이라는 점이다. 5분이라는 시간이 중요하다는 것이 아니다. 짧고 깊은 몰입과 충분한 휴식이 놀라운 생산성을 가지고 온다는 것이다.

현대 직장인들에게 업무 몰입은 쉬운 일이 아니다. 본연의 업무뿐 아니라 위에서 내려오는 급박한 업무 상황에 대한 대응, 갑자기 걸려오는 클라이언트의 업무 요청, 수시로 소집되는 업무 회의 등 매우 가변적인 환경에서 업무를 진행하기 때문이다. 비즈니스 서적 저술가 에릭 바커Eric Barker 또한 현대인은 온종일 스마트폰을 들여다보고, 이메일을 확인하는 동시에 각종 회의, 일정 등에 참석하느라 정작 한 가지 일에 집중하기 어려운 세상에 살고 있다고 언급하면서, 진화하는 업무 환경이 오히려 업무의 생산성 저하를 가져온다고 역설한 바 있다.

5분이 지나자 변신이 풀린 오룡

칼 뉴포트<sup>Cal Newport</sup> 미국 조지타운대 교수 또한 "이메일, 문자메시지, 트위터, 페이스북 등 실시간 소통을 가능하게 하는 네트워크 도구와 인터넷의 발달은 대다수 노동자들의 집중력을 무너뜨렸다" 라고 말하며, 시간이 흐를수록 더욱더 집중하기 어려워지는 업무 환경에 대해 언급했다. 이처럼 집중을 분산시키는 외부 자극이 많아지고 갈수록 산만해지는 근무 환경 속에서 최대한 효율적으로 일에 몰입하는 방법은 무엇일까? 그것은 오룡이 보여준 것 같은 효율적인 시간 배분에 있다. 시간을 구조적으로 사용하여 집중하는 시간과 휴식 시간을 철저히 나누고 이 주기를 짧게 가져가는 것이다.

우연하게도 드래곤볼에 오룡이 등장하던 비슷한 시기에 이탈리아 기업가인 프란체스코 시릴로<sup>Francesco Cirillo</sup>가 오룡이 사용했던 시간 관리 방식을 체계화한 '뽀모도로 기법'<sup>Pomodoro Technique</sup>을 발표한다.

뽀모도로는 이탈리아어로 토마토를 뜻하는데, 프란체스코가 시간 관리를 위해 토마토 모양의 요리용 타이머를 사용한 데서 유래되었다. 원칙은 매우 간단하다. 25분 동안 집중해서 일한 다음 5분 동안 휴식을 취하는 것이다. 이 25분은 1 뽀모도로 주기라 불린다. 타이머가 작동하는 25분 동안은 온전히 업무를 진행하는 데에만 집중해야 한다. 업무 외에 처리해야 할 사항은 쉬는 시간 5분 동안 처리한다. 또한 뽀모도로 4개를 사용한 후에는 20분에서 30분 정도의 긴 휴식시간을 가져야 하는 것이 원칙이다.

이처럼 25분 동안 선정한 업무에 집중하고 5분 동안 휴식을 취하는 순서를 하루 최대 2시간 반복하면 뇌도 서서히 한 가지 일에 집중하는 흐름에 익숙해져서 업무의 효율이 올라간다. 또한 25분은 일과 중에도 방해받지 않고 일할 수 있을 만큼 짧고, 심리적으로도 부담이 적어 누구나 시도해 볼 수 있다. 5분의 휴식을 취하는 것은 다음 몰입을 위한 전초 단계로 다음 업무에 온전히 집중하게 할 수 있는 충전시간이다.

한 가지 유념해야 할 것은 짧더라도 반드시 휴식을 취해야 한다는 것이다. 4당 5락의 문화, 1시간 점심 휴게 시간, 하루 8시간

근무라는 환경에서 우리는 휴식에 익숙하지 않다. 따라서 익숙해질 때까지 의식적으로 휴식을 취하는 노력이 필요하다.

《습관혁명》The Productivity Revolution의 저자 마크 레클라우Mark Reklau는 휴식하지 않고 일만 하는 것은 노동 시간을 허비하는 것과 같다고 말하며 짧은 휴식의 중요성을 강조했다. 휴식 후 더 많은 일을 완수할 수 있기에 휴식은 시간 낭비가 아니라 시간 투자라는 것이다.

캘리포니아대학 어바인캠퍼스University of California, Irvine의 글로리아 마크Gloria Mark 교수는 연구를 통해 하루 8시간 근무자는 평균 5분에 한 번꼴로 방해를 받으며, 한 시간에 거의 20번쯤 방해를 받는다는 것을 발견했다. 이는 일과 시간 중 4시간 이상을 본연의 업무에 신경을 쓸 수 없다는 것을 의미한다. 즉 업무에 집중할 수 있는 시간이 많지 않다는 것이다.

따라서 짧고 강한 몰입을 통해 업무 환경을 극복하고, 업무 효율을 가져올 수 있는 시간 활용에 대한 고민이 필요하다. 도깨비, 멋쟁이 신사 등 다양한 변신을 통해 자신의 의지대로 사람의 마음을 훔칠 수 있었던 오룡의 비밀은 1분 휴식, 그리고 5분의 집중적인 시간 활용에 있었다. 제한된 시간에 너무 많은 것을 욱여넣으려고 하지 말자. 최고의 생산성을 발휘하기 위한 몰입의 시간과 몰입 이후의 충분한 휴식을 통해 하루를 구성해 보기 바란다. 오룡이 보여준 작지만 확실한 몰입은 조직에 효율성을 가져다줄 것이다.

# 8
# 중력 훈련을 뛰어 넘는
# 성과를 내려면

드래곤볼에서 Z전사들이 시간이 흐를수록 더욱 강해지는 적들을 상대하기 위한 수련으로 애용하는 것은 바로 중력을 통한 단련이다. 중력 훈련은 중력이 지구의 10배인 계왕성에서 손오공이 최초로 시작했으며, 이후 파워 업을 위해 손오공, 베지터, 트랭크스 등 대부분의 캐릭터들이 중력실ㅅ工重力裝置을 이용하는 장면이 나온다.

연구 결과에 의하면, 보통 사람은 1.5~2배의 중력을 15분 정도 견딜 수 있으며, 3.5G(중력가속도 단위) 이상에서는 그 시간이 몇 초에 불과하다고 한다. 중력이 높아지면 피부의 모세혈관이 터져 바늘로 찌른 것 같은 반점이 나타나며, 호흡이 거칠어진다. 중력이 4

배 이상이 되면 시신경에 피가 공급되지 않아 하늘이 회색으로 보이며, 이를 초과할 경우 뇌 중심부까지 모든 피가 사라져 시력을 잃게 되며 끝내는 목숨을 잃게 된다. 이것을 보면 중력 훈련이 얼마나 강인한 체력과 정신을 필요로 하는지 알 수 있다.

중력 훈련은 더욱 강한 적들의 등장에 따라 그 강도도 같이 올라갔다. 최초의 중력 훈련은 손오공이 나메크성으로 향하는 우주선 안에서 진행한 20배 중력 훈련이었다. 이후 프리저의 존재를 알고 나서는 중력의 100배까지 올려서 수련했다. 베지터는 나메크성에서 지구로 돌아온 후 손오공을 뛰어넘기 위해 300배 중력실에서 수련을 해서 초사이어인이 됐다.

그런데 한 가지 특이한 점은 더욱 강한 힘이 요구됨에 따라 계속 증가할 것 같던 중력의 크기가 어느 시점부터는 오히려 줄어든다는 것이다. 시간이 한참 흘러 굉장한 파워 업을 이루어 낸 베지터가 천하제일 무술대회를 준비하면서 사용한 중력은 자신이 훈련해온 300배 중력의 절반에 불과한 150배 중력이었다.

여기서 우리는 중력 훈련에도 한계효용 체감의 법칙이 적용된다는 것을 알 수 있다. 즉 Z전사들은 중력의 크기를 지속적으로 증가시켜 파워를 향상시켜 왔지만, 어느 시점에 달하면 중력의 세기를 올려도 파워가 증대되지 않고 오히려 훈련 효용이 떨어진다는 것이다. 베지터는 이러한 사실을 깨닫고 무리하게 중력을 올리기보다 자신에게 맞는 최적의 조건에서 훈련을 하기로 했다.

한계효용 체감의 법칙을 다시 생각해 보자. 재화의 수량이 증가할수록 각 증가단위에서 얻어지는 효용이 감소한다. 목마를 때 마시는 생수 1병의 효용은 굉장히 크지만, 2번째 병부터는 그 효용이 줄어든다. 하지만 이것이 비즈니스 세계에서는 조금 달라질 수 있다. 가방을 단순히 물건을 수납해 이동하는 기능적 측면으로만 보는 사람은 없기 때문이다. 단순히 기능적인 측면에서 보면 가방은 많아 봤자 사이즈별로 두 개 정도면 충분할 것이다. 하지만 대부분의 여성들은 다양한 디자인의 가방을 여러 개 소유하고 있다. 즉 모든 사람이 가방을 가지고 있다 하더라도 수요가 포화상태에 이르지는 않는다는 것이다.

경제학자 갤브레이스John Galbraith는 한계효용이 체감하는 것은 인간의 물질적인 필요에서일 뿐, 심리적인 욕망에는 해당되지 않는다고 했다. 새로운 휴대폰이나 전자기기가 나오면 아직 충분히 쓸 만하더라도 바꾸고 싶은 것이 사람의 마음이다. 따라서 비즈니스에서 이 비기능적 욕구, 즉 심리적 욕구를 자극하면 수요의 한계가 사라지며 가격의 한계도 사라진다. 이것이 70만 원짜리 몽블랑 펜이 팔리는 이유이고, 3천만 원짜리 롤렉스 시계가 팔리는 이유이다.

미국 소비재 마케팅 전문가 파멜라 댄지거Pamela Danziger는 그의 저서 《사람들은 왜 소비하는가》Why people buy things they don't need에서 꼭 필요하지 않은 물건을 비싸게 주고 사는 이유에 관해 설명했는데, 필요하지는 않지만 마음에 들어서라고 한다. 필요성으로 접근하면 레드오션인 시장이 욕구의 세계로 접근해 보면 블루오션일 수 있는 것이다. 따라서 비즈니스 세계에서 한계효용의 한계를 뛰어넘으려면 기능을 넘어 욕구로, 머리가 아닌 마음에 호소하는 전략이 필요하다.

'꿈을 판다'selling dreams라는 슬로건을 가진 이탈리아 자동차회사 페라리Ferrari는 수억 원을 호가하는 가격에도 불구하고 예약 후 인도까지 2년을 기다려야 한다. 페라리는 심지어 고객이 차를 주문한 뒤 1년 정도 기다리도록 하는 것이 제품의 가치를 높이면서도 고객을 빼앗기지 않을 수 있는 적정한 시간이라고 판단해 이를 전략적으로 이용하기도 했다. 가치의 극대화를 통해 한계효용을 초월해 버린 전략을 사용한 것이다.

그렇다면 어떻게 하면 한계효용을 뛰어넘는 감성과 욕구에 집중된 비즈니스 전략을 펼칠 수 있을까? 정답은 '경험'이다. 제품의 본질적 기능을 뛰어넘어, 제품이 어떤 경험을 제공할 수 있을 것인가를 고민해야 한다. 수많은 소비자들은 SNS를 통해 매 순간 자신의 일상을 연출하고 자랑한다. 이런 활동을 통해 주변의 인정을 받고, 자신의 존재감을 확인하고 싶어한다.

중요한 것은 제품의 기능이나 서비스가 탁월하다고 해서 SNS에 자랑하지 않는다는 것이다. 사람들은 보편화된 일상 속에 특별한 경험, 각박한 생활 속에 여유 있는 라이프 스타일이라는 차별성을 자랑한다. 따라서 소비자는 이에 부합하는 사치스러운 경험을 원하고, 그것을 소비할 준비가 되어 있다. 기업들은 소비자의 요구에 맞는 상품과 서비스를 제공하면 된다. 이제까지 빵집에서 빵만 팔아왔다면, 고소한 향과 새로운 맛을 체험할 수 있는 새로운 경험을, 아재들의 이발소에서 남성을 위한 복합 문화공간의 체험을, 단순한 제품 판매가 아니라 브랜드의 헤리티지를 경험하게 하는 것이다. 즉 경험 비즈니스로의 전환이 한계효용을 뛰어넘을 수 있는 첫걸음인 것이다.

하지만, 아무리 특별한 경험을 제공하더라도 그 제품과 서비스에 진정성이 뒷받침되지 않으면 소용없다. 《체험(경험) 경제》The Experience Economy 의 저자인 조셉 파인Joseph Pine 은 경험 경제의 핵심은 진정성을 창출하는 것이라고 강조한다. 광고하는 제품이나 서비스가 현실과 동떨어질 때 고객은 형편없는 경험을 할 수밖에 없기 때문이다. 소비자는 진짜 장소에 가서 진짜 음식을 먹고, 진짜 경험을 원한다. 제품과 서비스에 진정성이 사라지고 소비자를 기만하기 시작할 때 그 비즈니스는 실패할 수밖에 없다.


최근 폭스바겐 배기가스 조작 사건은 소비자 기만이라는 나쁜 경험을 제공하면서 기업을 위기에 몰아넣었다. 월마트는 거짓으로 점철된 월마트 어크로스 아메리카Wal-Marting Across America 블로그를 운영하다가 소비자들의 뭇매를 맞고 블로그를 폐쇄했다. 한 부부가 미국 전역의 월마트를 방문하고 경험담을 연재하는 신선한 콘셉트의 블로그로 큰 화제를 모았는데, 칭찬으로만 도배된 게시물로 소

마도사 비비디의 지배를 받아 강해진 베지터

비자들의 의심을 샀기 때문이었다. 결국 소비자들의 거센 항의로 월마트는 이 짝퉁 리얼리티 블로그를 폐쇄해야 했고, 기업 이미지 역시 큰 타격을 받았다.

드래곤볼의 연재 마지막까지 베지터는 중력 훈련만으로는 더 이상의 파워를 끌어올리지 못한다. 대신 마도사 비비디의 지배를 받아 강함을 얻는 길을 택한다. 비비디는 사악한 마음을 가진 자를 지배하여 부하로 만들고, 파워 업을 시켜준다. 그는 베지터의 마음 한편에 있던 악한 심성을 눈여겨봤다가 베지터의 마음을 지배하였고, 그 대가로 베지터가 자신의 한계를 넘을 수 있도록 잠재력을 증폭시켜 준다. 비비디는 어떤 방법을 써서라도 손오공을 이기고 싶었던 베지터의 마음을 알아채고 이를 이용한 것이었다. 다시 말해, 베지터는 중력 훈련으로도 넘을 수 없었던 파워 업이라는 한계효용의 벽을 심리적 욕구 자극이라는 방법을 통해 뛰어넘었다.

이제 단순히 하이테크 제품을 만들어내면 팔리던 시대는 지났다. 기업들은 어떤 경험을 어떻게 제공할 것인가에 대한 고민을 통해 한계효용을 극복하도록 노력해야 한다.

# 3장

드래곤볼에서 배우는

# 리더십과
# 인재 육성

# 1
# 손오반은 왜
# 주인공이 될 수 없었나

드래곤볼은 소년 코믹스 만화로서는 유례없는 두 가지 독특한 설정을 가지고 있다.

첫 번째는 주인공이 죽는다는 것이다. 주인공 손오공은 무려 2번이나 죽었다. 자신의 형 라데츠와의 전투에서 피콜로의 필살기 마관광살포에 맞아 처음 죽었다. 이후 드래곤볼로 부활하지만, 자폭하려는 셀을 막으려다가 두 번째 죽음을 맞이한다.

또 한 가지 설정은 등장인물들의 2세들이다. 유독 드래곤볼에서는 캐릭터들의 2세들이 대거 등장한다. 손오공은 장남 손오반, 차남 손오천을 슬하에 두었고, 베지터는 트랭크스, 크리링은 딸 마론을 두었다. 또한 조연급 캐릭터인 미스터 사탄의 딸 비델, 나메크성 최 장로의 108번째 자식인 덴데 등 다양한 2세들이 계속적으로 등장하며 스토리를 유기적으로 연결해 간다.

사실 이러한 설정 이면에는 지속적으로 주인공 캐릭터에 대한 세대 교체를 시도하려는 토리야마 아키라와 당시 담당 편집자였던 토리시마 카즈히코의 의도가 다분히 숨겨져 있었다. 토리시마는 한 인터뷰에서 이렇게 말한 바 있다.

"〈소년 점프〉는 일본에서 가장 인기 있는 만화잡지로 저학년부터 타깃으로 삼는다. 계속적으로 인기를 얻으려면 캐릭터의 힘이 중요하다."

즉 1984년부터 1995년까지 12년에 걸쳐 연재된 드래곤볼은 연재가 길어짐에 따라 지속적인 어린 독자들의 유입을 필요로 했다. 지속적인 콘텐츠 수입과 스토리를 연결해 나갈 수 있는 개연성 있는 캐릭터의 등장을 위해 주인공 2세들의 등장은 필연적이었다. 또한 드래곤볼의 캐릭터들이 독자들과 같이 성장하고 나이를 먹어감에 따라 캐릭터들의 외형적인 변화와 더불어, 2세들의 등장은 독자들에게 자연스럽게 받아들여졌다. 그리고 이는 드래곤볼이 긴 호흡으로 스토리를 전개해 나갈 수 있는 힘이 됐다.

드래곤볼에는 한 번 이상 죽은 사람은 '드래곤볼'로도 살릴 수 없다는 설정이 나온다. 따라서 이미 두 번 죽은 손오공은 더 이상 부활할 수 없었으며, 토리야마 아키라도 코믹스 36권에 주석으로 "지금부터 주인공은 죽은 손오공을 대신하여, 그의 착한 아들 손오반이다"라고 기술하며 더 이상 손오공의 존재는 없을 것임을 못 박

셀에게 죽은 후 다시 돌아온 오공

았다.

　그런데 한 가지 문제가 생겼다. 주인공을 다음 세대에게 넘겨 줘야 할 손오공이 죽어서도 계속 등장한 것이다. 심지어 죽어 버린 손오공은 저승에서의 훈련으로 더욱 강해져 2세대들이 감히 넘보지도 못할 파워 업을 계속해댔으며, 하루 동안은 이승에 갈 수 있다는 설정이 갑자기 치고 들어오면서 마인 부우 등 강적들과의 싸움에서 해결사로 등장하기까지 했다. 이는 당시 손오공이 드래곤볼의 상징인 캐릭터이면서, 독자들에게 인기가 상당했으므로 손오공을 다시 살려 달라는 팬들의 요청이 쇄도했기 때문이었다. 따라서 "뭔가 잘못된 거야. 저렇게 어린 꼬마의 전투력이 710 이나 될 리가 없다고……", "이럴 수가, 이 녀석은 상상을 초월한 다" 등 손오반이 손오공을 능가한다는 암시가 에피소드의 곳곳에 나왔지만 독자들은 더 이상 2세대들의 활약에 기대를 하지 않았 다. '다시 손오공이 나타나 해결해 주겠지……'라는 반응이 지배 적이었던 것이다.

이와 같은 세대교체의 실패는 비단 드래곤볼에서만이 아니라, 기업에서도 빈번히 일어나고 있다. 특히 조직의 CEO 교체는 주인 공의 교체만큼이나 주요한 사안이기에 우리는 조직의 승계 계획 Succession Plan에 대해 점검해 볼 필요가 있다.

리더의 부재는 결정과 책임의 부재를 의미한다. 이는 갑작스러 운 리더의 부재가 조직을 위기에 몰아넣을 수 있다는 것을 의미한 다. 특히 CEO의 카리스마나 역량에만 크게 의존했던 기업들, CEO 가 경영의 핵심 노하우를 쥐고 있었던 기업은 그 리스크가 더욱 크다. 그럼에도 불구하고 대부분의 조직은 리더의 교체에 따른 준 비가 제대로 안 되어 있다.

글로벌 헤드헌팅업체 하이드릭앤드스트러글스Heidrick & Struggles와 스탠퍼드대에서 공동 진행한 조사에 의하면, 기업의 54%만이 특 정한 후임자를 준비하고 있는 것으로 밝혀졌다. 미국의 리더십 연 구단체인 기업리더십위원회Corporate Leadership Council는 신임 리더의 50%가 3년 안에 실패한다고 했다. 이는 준비되지 않은 리더십은 실패로 끝날 수밖에 없음을 보여준다.

월트 디즈니는 디즈니 이후의 리더십 부재로 경영 정상화까지 20년을 허비했고, 코카콜라 고이주에타[Roberto Goizueta] 회장의 뒤를 이은 아이베스터[Douglas Ivester]는 CEO가 된 지 2년 만에 주가가 폭락했다. 소니 또한 창업자인 모리타 아키오[盛田昭夫] 이후 디지털 시대에 대한 미흡한 대응으로 경영에 어려움을 겪었다.

그렇다면 성공하는 승계 계획은 어떻게 이루어져야 할까?

첫째, 체계적인 승계 프로그램의 구축이다.

하버드 경영대학원의 조지프 바우어[Joseph Bower] 교수는 "승계는 프로세스이지, 이벤트가 아니다"고 말하면서, 승계 프로그램과 프로세스를 통한 체계적인 선발의 중요성을 강조했다. 오너, 주주, 이사회가 모여 몇 주 동안의 밤샘 토론을 통해 선발하는 주먹구구식 선발에서 벗어나야 한다는 것이다. CEO의 자리를 두고 경영권을 다투는 것이 아니라, 프로그램을 통한 투명한 경쟁과 이를 통해 가장 적합한 사람을 선발해야 한다. 리스트에 이름만 한두 명 올려 넣는 것은 승계 계획이 아니다.

승계 프로그램은 장기적인 관점에서 육성해야 하는 시스템이다. 잘 짜여진 프로그램을 통해 전략적 비즈니스 파트너를 양성하는 과정이다. 성공한 승계 작업 뒤에는 반드시 체계적인 프로그램이 있었다. 인텔[Intel]의 '핵심인력 프로그램'[Key Player Program], 필립스[Philips]의 '경영자 개발'[Management Development], 텍사스 인스트루먼트[Texas

Instrument의 '승계 계획'Succession Planning 등이 그 예이다.

승계 프로그램에서 가장 중요한 것은 조직의 미션, 비전, 핵심 가치 및 전략을 잘 반영할 수 있도록 프로그램을 설계하는 것이다. 창립자의 경영철학 계승이 중요한 이유는 이것이 조직 구성원들을 통합하는 이념이며, 추후 의사결정에 있어 원칙으로 사용되는 가치 기준이고, 조직의 방향을 제시하는 표지판이기 때문이다.

조직의 근간을 이루는 이런 핵심 요소들이 생략된 승계가 이루어질 경우 그 승계는 실패로 끝날 확률이 높다. 드래곤볼의 세대교체의 실패는 페어플레이 정신, 강한 승부욕, 삶을 바라보는 긍정적 태도 등 손오공을 통해 투영되었던 작품의 철학이 손오반에게 승계되지 못했기 때문이다. 독자들은 고아로 자라나 끊임없이 훈련에 매진했던 손오공과는 달리 엄마의 잔소리에 시달리며 학자를 꿈꾸는 손오반에게서 지구를 책임질 만한 무게감을 찾을 수 없었다.

최근 일본 3대 신문사인 요미우리신문讀賣新聞은 리더십의 부재가 도시바Toshiba라는 명문 기업을 위기로 몰아넣었다는 분석을 내놓았다. 도시바는 140년이 넘는 기업 역사와 19만 명의 직원을 거느린 일본의 대표적인 기업이다. 도시바는 세계에서 최초로 노트북 PC와 낸드 플래시 메모리를 개발했으며, 일본 최초로 컬러TV와 냉장고를 출시한 전설적인 기업이었다. 하지만 2017년 4월, 도시바는 '2016년 회계연도(2016년 4월~2017년 3월)에 9,500억 엔(약 9조 4,200억 원)의 적자라는 실적을 발표한다. 일본 제조업체로는 사상 최대치의 적자를 기록한 것이다.

실패의 가장 큰 원인은 파벌에 따른 CEO 등용이었다. CEO의 선임은 기득권을 챙기려는 이사회의 결정에 따라 이루어졌고, 이에 따라 극심한 내부 파벌의 대립이 지속되었다. 자신이 속한 부문에서 CEO가 나오면 출세가 빨랐고, 보너스도 두둑했다. 따라서 각 부문 간의 파벌 싸움이 그칠 날이 없었고, 상대방에게 공격을 받지 않기 위해 부서 실적을 왜곡하여 발표하는 일도 비일비재했다. 이는 결국 최악의 분식회계 사건을 초래했고, 역대 사장 3명이 한꺼번에 사임하는 초유의 사건이 발생했다.

도시바에는 기업을 계승할 CEO는 있었다. 하지만 지금의 도시바를 있게 한 혁신이라는 조직의 철학과 비전을 계승할 리더는 없었다. 승계 프로그램의 부재와 조직의 철학을 무시한 무분별한 인사 등용의 결과였다.

성공적인 승계의 두 번째 조건은 충분한 경험 시간의 확보이다.

드래곤볼에서 주인공 승계 실패의 또 다른 원인은 손오반을 차기 주인공으로 받아들일 만한 충분한 시간이 독자에게 확보되지 않았다는 데 있다. 손오공이 셀과의 전투로 사망한 후 드래곤볼은 421화 '새로운 영웅의 탄생'이라는 타이틀로 새로운 주인공의 시작을 알린다. 그리고 손오반을 전격적인 주인공으로 내세운 '손오반의 하이스쿨' 편 에피소드를 전개했다. 하지만 손오반의 주인공 역할은 5주 천하에 그치고 말았다. 시원찮은 독자들의 반응에 손오공이 426화부터 다시 복귀할 수밖에 없었던 까닭이다. 5주라는 시간은 주인공 역할을 검증하기엔 너무나 짧은 시간이었을뿐더러 손오공의 갑작스러운 등장은 '이제 손오공은 없다'라고 생각했던 독자들에게 혼란만 초래했다. 그리고 주인공 자리는 다시 손오공에게 돌아갔다.

성공한 승계는 충분히 자질을 검증하고, 양성할 시간을 필요로 한다. 급조된 추천위원회를 통해 한두 달 만에 선발하는 방식으로 기업문화, 경영 노하우 같은 무형자산이 후계자에게 전수될 리 만무하다. 설령 차기 CEO가 이런 방식으로 선발되었다 하더라도 이들의 통치는 오래가지 못했다.

10년 동안 세 번의 CEO를 갈아치운 휴렛패커드<sup>HP, Hewlett-Packard</sup>가 단적인 사례이다. 성급하게 결정된 CEO의 경영 성과는 좋지 못했고, CEO의 짧은 재임 기간 때문에 차기 CEO를 준비할 시간 또한 벌지 못했다. 따라서 계속적인 악순환의 반복으로 경영 정상화까지 많은 시간을 허비할 수밖에 없었다. 반면 제너럴일렉트릭<sup>GE</sup>의 제프리 이멜트<sup>Jeffery Imelt</sup> 회장은 총 6년 5개월의 승계 기간이 있었다. 이멜트가 선발되기 전까지 후보 선발과 후보군을 검증하는 과정에 1~2년, 경영 역량 평가에 3~4년이 소요되었다.

애플의 사례를 살펴보자. 애플은 전적으로 스티브 잡스라는 탁월한 CEO의 강력한 리더십에 의존해 성장한 회사다. 따라서 스티브 잡스의 건강 악화는 회사의 주가에 큰 영향을 미쳤다. 실제로 2008년에 스티브 잡스의 심장마비 오보 기사가 나자마자 주가가

10%나 떨어진 사례가 있다. 2011년 스티브 잡스가 췌장암 투병으로 건강이 악화되자 또다시 주가가 300달러 선으로 떨어졌다. 그리고 그해 8월, 스티브 잡스는 경영일선에서 물러나고 팀 쿡Tim Cook을 자신의 후계자로 공식 임명한다. 그런데 놀랍게도 팀 쿡이 집권하자 주가는 안정을 되찾았고, 1년 후에는 애플 역사상 최고의 주가를 기록하는 성과를 이뤄냈다. 전 세계인들에게 추앙받던 스티브 잡스의 부재 속에서 이런 성과를 낼 수 있었던 비밀은 충분히 시간을 가지고 경험을 통해 검증된 차기 CEO를 육성한 데 있었다.

팀 쿡은 잡스의 건강 악화 때문에 갑작스럽게 스카우트된 경영 전문가가 아니었다. 그는 1998년 애플에 입사해 공급과 판매, 재고를 관리하고 이를 실적에 반영시키는 관리자의 역할을 해왔다. 또한 영업 파트 책임자로의 보직 변경을 통해 다양한 경험과 비즈니스 안목을 기른 검증 받은 승계자였다. 탁월한 경영 능력을 인정받은 팀 쿡은 오랜 시간에 걸쳐 스티브 잡스의 부재 시 그의 역할을 대신 수행해 오면서 철저히 승계 훈련을 받은 '포스트 스티브 잡스'였던 것이다.

은퇴 예정일이 10년이나 남은 GE의 잭 웰치는 1991년에 이렇게 말했다.

"앞으로 내가 결정해야 할 가장 중요한 사항은 후계자를 고르는 것이다. 나는 거의 매일 누구를 후계자로 선정할지 고민하면서 많은 시간을 보내고 있다."

 이처럼 위대한 기업은 당대의 명성과 실적에만 급급한 게 아니라 후대를 먹여 살릴 제대로 된 리더를 세우는 데에 깊은 고민을 했다. 그리고 체계적인 시스템에 맞춰 시간을 투자하고, 신중하게 조직의 미션에 맞는 후계자를 육성했다.

# 2
# 모순 속에서 조화를 이뤄내는 초사이어인의 비밀

드래곤볼을 처음 접한 사람에게는 황당하게 들리겠지만, 주인공 손오공은 사실 지구인이 아니라, 행성 베지터에서 지구로 파견된 사이어인이라는 외계인이다. 사이어인은 태어날 때부터 전투에 특화된 체질로 태어나 남녀노소 구분 없이 누구나 전사가 된다. 그들은 호전적인 성격으로 싸움을 즐기고, 이를 업으로 삼았으며, 전투에서 죽을 고비를 넘기면 더욱 파워가 강해지는 특징이 있다.

드래곤볼에는 사이어인들 중에서도 가장 강하다는 초사이어인이라는 설정이 나온다. 이는 드래곤볼을 상징하는 변신이며, 외형의 변화를 통한 극적 파워 업의 장치로 사용되었다. 초사이어인은 대적할 자가 없는 우주 최강의 전사라고 전해진다. 작중 손오공

초사이어인이 된 손오공

이 초사이어인으로 각성하기 전까지 초사이어인의 존재는 오랜 시간 동안 우주의 전설로만 전해지고 있었다. 이 초사이어인 전설은 꽤나 위협적이었는지 프리저는 미래의 위협적인 요소로 작용할 수 있는 초사이어인 제거를 위해 행성 베지터를 파괴하고 사이어인들을 절멸시키기도 했다.

초사이어인의 등장은 프리저 편에서 손오공에 의해 최초로 나타난다. 프리저에 의해 크리링이 죽임을 당하자 이로 인한 분노로 각성한 것이 최초의 초사이어인이었다. 변신한 손오공의 머리카락은 금발로 변하고, 눈동자는 녹색으로 바뀌며, 전신에서 노란색 불빛을 내뿜는다. 그리고 압도하는 힘으로 우주 최고의 강자였던 프리저를 단순에 제압해 버린다.

손오공은 당황해하는 프리저에게 이렇게 설명한다.

"평온한 마음을 지니고, 격렬한 분노에 눈을 뜬 전설의 전사, 초사이어인 손오공이다!"

즉 '평온함'과 '분노'라는 대립적인 요소를 동시에 지니며 조화를 이루는 것, 이것이 초사이어인의 변신 조건이었다.

이 원리는 물리학에서 양자역학이 밝혀낸 상보성의 개념과 유사하다. 상보성의 원리는 대립적인 두 개의 물리량이 상호보완하여 하나의 사물이나 세계를 형성한다는 뜻이다. 상보성의 원리는 동양의 철학적 사고의 틀인 음양이론과 그 맥락을 같이한다. 모든 생성과 변화, 그리고 발전은 하나의 힘이나 성질만 가지고는 이루어질 수 없으며, 그것은 반드시 성질이 다른 또 하나의 상대적인 힘이 필요하다는 것이 음양이론이다. 음양의 상대성은 상호 반발적이고 모순적인 성질을 갖는 것처럼 보인다. 하지만 사실 이는 상호 보완적이며 동시에 그 창조물은 단순한 합 이상의 다른 제3의 성격을 갖게 된다. 그리고 이 창조물들은 무한히 창조와 진화를 계속한다. 이 음양이론과 상보성의 원리에 의해 천재 전사인 초사이어인이 탄생되었다.

비즈니스에서도 이런 탁월한 역량을 가지고 비즈니스계를 평정할 초사이어인의 등장을 가능하게 할 수 있을까? 정답부터 말하자면 가능하다. 그리고 이는 놀랍게도 손오공이 보여준 상보성의 조화를 통한 진화의 개념과 흡사하다.

최근 비즈니스 세계에서도 모순의 수용이 중요한 경영이념으로 받아들여지고 있다. 미국의 저명한 경영 컨설턴트 짐 콜린스<sup>Jim C. Collins</sup>는 그의 저서 《성공하는 기업들의 8가지 습관》<sup>Built to last</sup>에서 위대한 기업은 '둘 중에 하나'라는 'OR의 생각'이 아니라, '둘 다'를 선택하는 'AND의 사고방식'을 가진다고 이야기한다. 이들은 수백 년이 지나도 바뀌지 않을 핵심가치를 유지하는 동시에 끊임없이 변화와 혁신을 추구하는 기업들이다. 그리고 이들 기업의 리더십 또한 대립적인 요소가 한데 어우러진 모순 속의 조화를 이루고 있었다.

짐 콜린스는 이를 '5단계 리더십'<sup>5 Level Leadership</sup>이라 명명했다. 5단계 리더는 일반적인 리더의 특성에서 많이 벗어난다. 5단계 리더는 유능한 카리스마 리더와는 달리 눈에 띄지 않는다. 그들은 조용하고 겸손하며 심지어 수줍기까지 하다. 하지만 그들은 이런 성향과는 대조적으로 성공에 대한 강인한 의지와 집요함이라는 모순된 모습을 보여준다. 대체로 숫기가 없고 말이 적은 사람들이 자신의 의견을 강하게 주장하거나 강요하지 않는 성향이 있다. 반면 이들은 그럼에도 불구하고 높은 성과 기준을 요구하고 이를 따르도록 집요하게 강요한다는 모순성을 보인다.

하버드 경영대학원의 에이미 에드먼드슨<sup>Amy Edmondson</sup> 교수는 에이브러햄 링컨<sup>Abraham Lincoln</sup> 대통령을 리더십의 롤모델로 선정한 바 있다. 링컨은 내성적인 성격이고 과묵하며 행동거지 또한 촌스러운 극히 평범해 보이는 성격의 소유자였다. 하지만 그는 위대한 국가를 창조하려는 뜻을 위해 단 한 번도 의지를 굽히지 않았다. 조심스러운 태도와 말수가 적음이 나약함이 아니라, 강한 의지와 투지로 나타났다. 짐 콜린스가 말하는 기업가적 의지<sup>Professional Will</sup>와 인간적인 겸양<sup>Personal Humility</sup>을 겸비한 대표적인 리더의 사례인 것이다.

1971년 다윈 스미스<sup>Darwin Smith</sup>는 종이 생산 기업인 킴벌리 클라크<sup>Kimberly-Clark Corporation</sup>의 CEO로 임명되었다. 당시 킴벌리 클라크는 평균 주가 지수의 절반도 채 되지 않는 별 볼 일 없는 회사였다. 다윈 스미스는 조용한 성격의 사내 변호사 출신으로, 평범함 때문에 큰 주목을 받지 못했다. 심지어 스미스를 CEO로 선임한 이사회의 결정에 의구심마저 있었다.

그는 내성적이고 허세도 없었으며, 심지어 서툴러 보이기까지 했다. 따라서 스미스가 전통적인 핵심 제품이었던 코팅용지 대신 소비재 종이제품에 집중된 사업 구조 변화를 시도했을 때 사내에서 거센 반발이 일어났다. 외부 언론은 이를 어리석은 결정이라고 평가했고, 월가의 증권분석가들은 이 회사의 주가전망을 하향 조정했다.

하지만 스미스는 이에 동요하지 않고, 자신의 신념을 믿으며 자신의 결정을 고수했다. 수익의 대부분을 소비재 종이제품에 투자했고, 특히 하기스 기저귀와 크리넥스 티슈와 같은 소비재 종이 제품사업에 집중했다. 그리고 결과적으로 그는 최고 경영자로서 20년 동안 회사를 파격적으로 발전시켜 세계에서 선도적인 소비재 종이제품 회사로 변모시키는 데 성공한다. 킴벌리 클라크는 주식시장 평균 수익률의 4.1배에 달하는 누적 주식수익률을 달성해 휴렛패커드, 3M, 코카콜라 및 제너럴일렉트릭보다도 더 존경받는 회사가 됐다. 그뿐만 아니라 경쟁사였던 스콧트 페이퍼<sup>Scott Paper</sup> <sup>Company</sup>를 인수하였고, 소비재 종이제품 분야의 8개 범주 중에서 6개가 P&G를 앞서게 되었다.

사람들은 잭 웰치, 마이클 델, 리 아이아코카, 퍼시 바네빅처럼 개성 넘치는 유명 인사들이 탁월한 성과를 내며 기업을 이끌 재목으로 생각한다. 하지만 포춘<sup>Fortune</sup>이 선정한 500개 기업 중 15년 이상 연속으로 최소 3배에 달하는 누적 수익률을 보인 기업의 리더들은 스타 CEO가 아닌 겸손의 리더들이었다. 이들은 외적으로는 자신을 낮추고, 내적으로 모든 에너지를 쏟아내는 리더들이다. 겸손하면서도 강한 의지를 지닌 리더들이었다.

'평온한 마음'과 '분노의 마음'이라는 상극되는 개념이 합쳐져 최고의 강함으로 나타난 초사이어인의 원리는 비즈니스 세계에서도 유효하다. 겸양과 의지의 역설을 통한 초월의 리더십인 5단계 리더는 오늘날 위대한 기업으로 변모하기를 원하는 대부분의 좋은 기업들이 생각해 보아야 할 리더십의 원리이다.

기업의 초사이어인 리더가 되기를 원하는가? 그렇다면 인간적인 겸손함과 사업가적 의지를 지녀라. 그리고 이를 통해 전설의 리더가 되어라.

# 3
# 피콜로의
# 잠재적 리더십

드래곤볼에서 가장 입체적 인물로 그려지다가 스토리가 후반부로 넘어갈수록 극적인 성격으로 변화하는 캐릭터는 단연 피콜로이다. 드래곤볼 연재 초반 피콜로 대마왕으로 불리며 배트맨의 조커와 같이 순수 악으로 등장해 세계를 공포에 떨게 한 캐릭터이다. 그는 지구를 지키려는 손오공에 의해 죽게 되는데, 죽기 전 자신의 분신을 알로 남기고 죽는다. 그리고 그 알에서 부화된 것이 바로 피콜로 대마왕 2세이다. 우리가 흔히 알고 있고 피콜로라 불리는 인물은 바로 이 대마왕 2세인 '마주니어 피콜로'이다.

마주니어 피콜로(이하 피콜로)는 드래곤볼의 세계관이 우주로 확대되는 드래곤볼 Z 시리즈에서 가장 큰 성격 변화를 보여준다. 이는 시리즈가 거듭되면서 마음 한편에 남아 있던 선의 마음이 손오공의 아들인 손오반을 만나면서 살아나기 시작했기 때문이다. 순수 악이었던 시니어 피콜로 대마왕의 혈통을 이어받았지만, 아직 순수 악이 완벽하게 발현되기 전 손오공과 그의 친구들의 순수한 영향력에 따른 감정의 변화가 있었던 까닭이다.

드래곤볼 Z의 시작 부분에는 손오공의 친형 라데츠가 나온다. 지구를 멸망시키려는 라데츠는 손오공과 피콜로의 협공에 의해 죽게 되지만, 손오공 또한 이 전투에서 자신을 희생하고 만다. 라데츠는 죽기 직전 한 가지 이야기를 해주는데, 그것은 자신보다 더 강한 사이어인 2명이 지구를 멸망시키러 오고 있다는 것, 그리고 그들이 1년 안에 지구에 도착하리라는 것이었다.

피콜로는 손오공이 죽은 지금, 지구가 희망을 걸 만한 인물은 굉장한 전투력이 잠재되어 있는 손오반뿐이라는 것을 직감적으로 알아차린다. 그리고 손오공의 친구들에게 손오반을 데리고 1년간 훈련을 시킬 것을 약속하며 맹수들이 우글거리는 오지에서 특훈을 시작한다. 우리가 여기서 주목해야 할 점은 피콜로가 손오반의 내재된 잠재력을 인지하고 이를 개발해 조직의 전력을 이끄는 핵심 인재로 육성했다는 점이다.

회사에 인재가 없다고 말하는 경영자들이 많다. 그러나 이는 성과 평가라는 관례에만 의존한 채 잠재된 인재를 알아보는 안목이 없기 때문이다. 드래곤볼 속에 끊임없이 등장하는 강적들처럼, 비즈니스 시장은 끊임없이 등장하는 강한 경쟁자들과의 싸움의 연속이다. 이런 시대에 필요한 리더십은 단순한 평가 점수로 인재를 구분 짓는 것이 아닌, 성장 가능성을 일깨워 주는 피콜로의 잠재적 리더십이다. 직원들의 숨겨진 역량을 파악하고, 이를 개발해 최대한의 역량을 발휘할 수 있도록 돕는 리더가 필요한 것이다. 그렇다면 어떻게 잠재적 리더십을 개발할 수 있을까?

첫째, 편견을 버려야 한다.

편견은 잠재성에 대한 접근을 원천적으로 봉쇄한다. 잠재성의 확인은 마음을 열고 조직 구성원을 수용하는 태도를 통해 시작되는데, 편견은 리더의 눈을 가림으로써 조직 구성원들의 잠재 능력을 캐치하는 시도를 불가능하게 하기 때문이다. 편견 때문에 피콜로가 손오반을 단순히 네 살짜리 유아로만 봤다면, MS의 스티브 발머<sup>Steve Ballmer</sup>가 사티아 나델라<sup>Satya Nadella</sup>를 경험이 부족한 외부인으로 봤다면, 스티브 잡스가 팀 쿡<sup>Tim Cook</sup>을 조용하고 눈에 띄지 않는 관리자로만 봤다면 현재의 놀라운 성과는 없었을 것이다.

편견을 없애기는 어렵다. 하지만 이를 조직적으로 잘 설계할 수만 있다면 훨씬 나은 결과를 가져올 수 있다. 미국 대다수 오케스트라에 여성 단원이 10%도 채 되지 않아 성차별 문제가 대두된 적이 있다. 이후 문제가 커지자 커튼 뒤에서 블라인드 오디션을 진행한다. 그 결과 오케스트라의 여성 비율이 40%까지 올라갔다. 편견을 깨뜨리기 위해서는 사고의 전환보다 편견 없는 판단을 이끌어낼 시스템 구축이 중요한 것이다.

손오반에게 코칭을 하는 피콜로

둘째, 관찰이 필요하다.

조직 구성원의 숨겨진 재능을 찾기 위해서는 데이터를 수집하는 방식인 관찰이 필수적이다. 관찰의 핵심은 지속성과 목적성이다. 뉴턴의 사과 같은 위대한 관찰이 우연의 산물로 여겨지겠지만, 사실 이는 수많은 관찰이 누적된 이후의 결정적인 순간이었다. 관찰 대상자의 잠재성이 숨겨진 역량에 의한 것인지 우연히 드러난 것인지 한두 번 보고 섣부른 판단을 하는 것은 위험하다. 따라서 지속적인 관찰을 통한 종합적인 안목을 기르는 것이 중요하다.

관찰에 있어 중요한 또 다른 요소는 목적성이다. 하버드 경영대

학원의 클레이튼 크리스텐슨<sup>Clayton M. Christensen</sup> 교수는 발견을 위해
서는 무엇을 관찰할지 뚜렷한 생각을 갖고 있어야 한다고 했다. 맥
도날드는 밀크셰이크 출시 당시 이를 디저트 상품군으로 분류하
고 타깃을 8세에서 13세 아동으로 잡고 마케팅을 했으나, 판매는
영 신통치 않았다. 판매 개선을 위해 크리스텐슨 교수에게 이에 대
한 분석을 요청했다. 크리스텐슨 연구팀은 매장에 10시간 상주하
면서 밀크셰이크를 사는 사람들을 관찰한 결과 50%의 소비자가
아침 시간에 혼자 구매를 했고, 주 대상은 어린이가 아닌 샐러리맨
들이었다. 맥도날드는 이러한 결과를 토대로 판매 신장 전략을 수
정했다. 판매 개선이라는 명확한 목표가 정확한 관찰을 가능하게
한 것이다.

피콜로의 관찰에는 손오공의 부재 속에도 지구를 지켜야 한다
는 명확한 목적성이 있었고, 이를 통해 라데츠와의 전투에서 다양
한 방식으로 나타난 손오반의 잠재력을 발견할 수 있었다. 따라서
'손오반이란 꼬마는 훈련만 잘 시키면 강력한 전사가 될 것이다'라
는 결론을 내릴 수 있었던 것이다.

셋째, 잠재력을 육성할 수 있는 시스템을 만든다.
잠재력의 발현을 위해 인재를 육성하는 시스템을 도입하는 것
은 매우 중요하다. 이것을 단순히 남들이 사용하고 있는 양성 프
로그램 패키지로 생각해서는 안 된다. 잠재적 인재 육성의 핵심은
조직의 전략 방향과 학습 방향을 일치시키는 것이다.

하버드 경영대학원에서는 체계적인 육성 시스템을 자랑하는 GE의 프로그램을 거쳐 간 수많은 관리자들의 향후 커리어에 대한 분석을 진행한 적이 있다. GE에서 체계적인 육성을 통해 뛰어난 역량을 갖췄더라도 일부는 새로운 조직에서 성과를 내지 못하고 곤경에 처한 반면, 일부는 탁월한 성과와 가치를 창출해 조직의 성장을 이끌었다. 이들 성공의 비결은 기업의 전략과 자신의 전략 방향이 맞아 떨어졌다는 데 있었다. 즉 단순한 육성이 아니라 조직 방향에 부합하는 육성이 필요한 것이다.

피콜로는 1년이라는 짧은 기간 동안 손오반의 내적 성장과 육체적 강인함을 학습 목표로 두고 훈련 프로그램을 준비한다. 피콜로는 기술을 가르칠 때 6개월 동안은 광야에서 혼자 적응하게 방치함으로써 내적인 강인함을 기르게 했고, 이후 6개월 동안은 실제 격투에 대한 실전 연습을 통해 현장 중심의 실무를 익히게 했다. 지구 수호라는 명확한 목적으로 움직이는 Z전사 조직의 전략에 맞는 육성 방식이었다. 실전에서 극도의 스트레스를 받는 상황에 처하게 될 경우를 대비한 훈련과 실제적인 문제 해결을 위한 역량을 동시에 육성함으로써 조직에서 큰 성과를 낼 수 있게 잠재력을 개발한 것이다.

손오반의 잠재성은 드래곤볼 후반 셀과의 전투에서 폭발해 놀라운 성과로 나타난다. 손오반의 강함은 그 어떤 Z전사들도 따라올 수 없었고, 대적할 자가 없었던 완전체의 셀조차 손 쓸 방도가 없을 정도였다. 그리고 이러한 성과의 이면에는 피콜로의 잠재적 능력 개발과 체계적인 육성이 있었다. 조직의 미래와 지속적인 성장을 위해 인재를 육성하는 리더십이 중요한 이유이다.

# 4
# 드래곤볼을
# 성공으로 이끈 피드백

지금은 기네스북에까지 등재된 역사적인 만화로 기록됐지만, 드래곤볼은 연재 초반까지 그다지 잘나가는 만화가 아니었다. 점프는 토리야마 아키라가 이미 〈닥터 슬럼프〉를 통해 검증받은 탑 레벨 수준의 인기 작가라는 점을 이용해 점프지에 대대적인 지면 홍보와 유례없는 한 달간의 컬러페이지 연재 등 특단의 조치를 취했지다. 하지만 독자들의 반응은 미지근했다. 점프 앙케이트의 순위는 최하위권인 15위까지 떨어졌다. 서유기를 표방한 이야기는 그다지 신선한 소재도 아니었고, 코믹과 섹시 코드를 조합한 소년 모험물 역시 닥터 슬럼프의 노선에서 크게 벗어나지 않았기 때문이다.

그런데 극적인 반전이 일어났다. 이내 순위권에 진입하고, 36화

이후부터는 1위를 탈환하더니, 10년간 출판계의 신기록을 세우며 최고의 정상에서 연재를 마무리했다. 바닥에서 시작한 드래곤볼이 최고의 성공을 이룰 수 있었던 비결은 무엇일까?

드래곤볼의 성공 요인은 다양하다. 그중 가장 중요한 요소를 꼽으라면 빠른 피드백과 수용성에 있었다. 드래곤볼의 성공은 토리야마 혼자만의 노력에 의한 것이 아니었다. 편집자였던 토리시마 카즈히코, 그의 어시스턴트 및 독자들의 피드백으로 함께 만들어 낸 결과물이었다. 특히 연재 초기 토리시마의 피드백은 드래곤볼을 정상으로 이끄는 데 큰 기여를 했다.

토리시마는 인터뷰에서 편집자가 작가에게 피드백을 주는 방식에 대해 이야기한 적이 있다. 담당 편집자는 작가에게 다음 주 콘티를 팩스로 미리 받는다. 편집자는 세상에서 가장 처음 접하는 독자이기에 편집자의 피드백은 만화의 방향에 큰 영향을 준다. 따라서 리뷰 전에 머리를 비우고 온전히 재미만을 판단한다. 작가의 철야 작업이나 다른 상황은 고려하지 않는다. 재미있으면 그대로 진행하고, 재미없으면 수정을 요구한다.

하지만 편집자가 수정을 요청해도 작가가 이를 수용하지 못하면 이는 더 나은 작품으로 가지 못하고 편집자와 작가의 갈등 관계만 남게 된다. 토리야마가 작가로서 가장 탁월했던 부분 중 하나는 그의 개방적인 태도와 수용성에 있었다. 토리시마는 토리야마의 수용력에 대해 이렇게 이야기했다.

"토리야마 작가의 경우 수정을 요청하면 요구 범위를 벗어나 재미까지 보강하는 능력이 뛰어났다."

비즈니스에 있어서도 성과를 낼 때 피드백이 매우 중요한 요소로 작용한다. 피드백은 가장 값싸고, 강력하지만 우리가 종종 간과하고 있는 매니지먼트 툴이다. 피드백은 업무 만족도와 생산성을 연결하는 핵심 요소이다. 피드백은 조직이 목표를 향해 제대로 가고 있는지 확인해서 목표 달성을 돕고, 새로운 관점을 제공함으로써 더 좋은 성과를 낼 수 있게 한다.

피드백 없는 업무 수행은 지도가 없거나 일정표가 누락된 여행을 하는 것과 같다. 아무리 방향 감각이 뛰어나다 할지라도 피드백이 없으면 반드시 길을 잃게 된다. 따라서 비즈니스에서는 단순히 피드백을 주는 것이 아니라 어떻게 줄 것인가를 고민하는 것이 중요하다. 그렇다면 성과를 낼 수 있는 피드백이란 무엇일까?

첫째, 구체적인 목표가 있는 피드백이다.

목적이 있는 피드백은 행동을 수정하고, 명확한 가이드를 통해 목표를 달성할 수 있게 돕는다. 경영학과 조직행동의 권위자인 샌디에이고주립대 비즈니스 스쿨의 스티븐 로빈스Stephen P. Robbins 교수는 피드백을 하기 전에 '누구에게 도움이 되는지 스스로에게 물어보고 피드백을 통해 무엇을 말하고 싶은가'를 명확히 하는 것이 중요하다고 조언한다. "잘하고 있어"라고 말하는 것이 아니라 "이미 목표의 10%를 초과 달성했네"라고 피드백하는 것이 효율적이라는 것이다.

토리시마의 경우 〈주간 소년 점프〉 지지율 향상이라는 명확한 목표에 따라 독자들의 반응을 분석하고 당시 소년만화의 트렌드 분석을 통해 토리야마에게 제대로 된 피드백을 할 줄 알았다. 연재 초기 드래곤볼의 문제는 주인공에 있었다. 캐릭터가 수수해서 인기가 없다는 것이었다.

당시 소년 점프의 또 다른 히트작 〈북두의 권〉北斗の拳이 한창 주가를 올리고 있던 시절이었다. 토리시마는 과감히 모험 만화에서 액션 만화로의 전향을 제안하고, '〈북두의 권〉의 켄시로ケンシロウ(주인공 캐릭터)를 뛰어넘을 것'이라는 목표를 세운다. 토리야마는 이 의견을 바로 반영해 강함을 추구하는 주인공 콘셉트로 노선을 변경한다. 토리시마는 무엇을 달성할 것인가에 대한 고민을 통해 구체화된 피드백을 할 줄 알았고, 이를 통해 지속적으로 성과를 낼 수 있었다.

둘째, 정기적인 피드백이다.

탁월한 조직은 기분 내킬 때 가끔 피드백을 주는 것이 아니라, 지속적이고 구조화된 피드백을 통해 성과를 이끌어 나간다. 즉 정기적으로 피드백을 주고받고 성과를 관리할 수 있는 시스템을 갖추고 있는 것이다. 토리야마가 의미 있는 피드백을 지속적으로 받을 수 있었던 것은 편집자 토리시마의 노력도 있었지만, 점프의 피드백 시스템의 덕이 컸다.

점프지의 편집장이었던 니시무라 시게오西村繁男는 그의 자서전인 《만화 제국의 몰락》さらばわが青春の少年ジャンプ에서 점프의 시스템에 대해 말한 바 있다.

"소년 점프의 연재는 10회를 목표로 한다. 5회 시점에서 지지율이 상승 곡선을 그리고 있으면 10회 이후의 연재를 검토하고, 하향 곡선이면 10회에 연재를 마무리 할 수 있게 스토리를 정리한다. 내용 정리를 위해 1~2회 추가 연장은 허용되지 않는다."

그리고 이러한 편집 원칙에 따라 매주 설문 엽서를 통해 받은 정보를 바탕으로 모든 연재만화의 인기 순위를 게시했다. 또한 연재되고 있는 만화에 대한 독자 의견을 받고 이를 철저히 만화에 반영했다. 실례로 베지터는 사이어인 편에서 단역으로 마무리될 예정이었지만, 독자들의 의견을 반영해 추후 Z전사로 편입되는 등 독자의 피드백이 스토리 전개에 중요한 역할을 했다.

점프지는 독자 설문을 최우선적인 편집 방침으로 삼고 스타 작가라 하더라도 독자 반응이 좋지 않으면 가차 없이 연재를 중단시키는 즉각적이고 정기적인 피드백 시스템 구축을 통해 작품의 질을 향상시킬 수 있었다. 드래곤볼이 점프에서 연재되지 않았으면 지금처럼 큰 성공은 없었을 것이다.

비즈니스에서도 시스템을 구축해 정기적인 피드백을 통한 개선 작업은 조직 전체의 성과에 큰 영향을 준다. 아디다스는 전용 모바일 앱을 이용한 피드백 시스템을 구축하여 직원들의 피드백을 정기적으로 받고 있다. '피플 펄스'People pulse라고 불리는 이 시스템은 5분 정도의 설문으로 이루어지며, 개방형 질문과 1~10개의 질문에 응답하는 방식으로 진행된다. 조직의 개선 사항이나 불만족 사항 등의 피드백을 통해 정기적으로 개선작업에 들어가는 것이다. 그뿐만이 아니다. 소비자의 피드백 시스템도 구축해 제품의 구매 또는 배송 직후처럼 적절한 시점에 소비자의 피드백이 곧바로 반영되는 시스템을 통해 수많은 비즈니스 전략에 활용하며, 다양한 개선작업에 활용하고 있다. 아디다스는 이 피드백의 결과를 매출과 주가 등과 함께 가장 중요한 경영 KPI<sup>Key Performance indicator</sup>(핵심 성과지표) 중 하나로 여기고 있다. 핵심 경영 요소로 피드백을 활용하고 있는 것이다.

최근 집영사에서 조직 개편이 있었다. 그리고 모두를 놀라게 한 부서가 신설됐는데, 바로 '드래곤볼실'<sup>ドラゴンボール室</sup>이었다. 집영사 사상 최초로 단독 작품 전담 부서가 생긴 것이다. 연재가 종료된 지 20년이 지난 작품에 전담팀이 생긴 것은 아직도 드래곤볼이 집영사의 매출을 이끄는 핵심 사업이기 때문이었다. 드래곤볼실은 신규 드래곤볼 시리즈와 상품화에 관련된 국내외 라이선스 계약을 관리하며, 토리야마에게 드래곤볼 관련 비즈니스에 관련된 모든 사항을 피드백한다. 더욱 체계적으로 관리해 작품을 오랫동안 이어가겠다는 것이다.

드래곤볼의 성공에는 편집자와 독자들의 지속적인 피드백이 있었다. 이제 우리는 또다시 드래곤볼의 행보를 주목해 볼 필요가 있다. 작품 종료 이후 드래곤볼실을 통해 더욱 체계적인 피드백 시스템을 갖췄기 때문이다.

# 5
# 무천도사의 훈련에서 배우는
# 인재 육성 프로그램

  지금은 우주 최강이라 불리지만, 손오공도 처음부터 싸움을 그리 잘하진 못했다. 그저 맨손으로 들짐승을 때려잡으며 익힌 기술 이외에 무술을 정식을 배우지 못한 12세 소년에 불과했다. 손오공을 데려다 정식으로 무술을 가르친 건 바로 '거북신선류'라는 무술 종파 창시자 무천도사였다. 대부분의 사람들이 무천도사를 여색을 밝히는 변태 노인네 정도로 기억할지 모르겠지만, 극중 그는 늙지도 죽지도 않는 약을 먹고 영생을 누리며, 근두운을 부리기도 하는, 이미 인간의 대열에서 벗어난 신선 타이틀을 지닌 캐릭터였다. 손오공의 대표적인 필살기인 '에네르기파'도 사실 무천도사가 고안해낸 기술이었다. 손오공은 무천도사 밑에서 체계적인 수련을 통해 짧은 기간에 천하제일 무도회 우승이라는 놀라운 성과를 올린다. 우리는 부천도사의 훈련 비결을 통해 몇 가지 중요한 비즈니스 원리를 생각해 볼 수 있다.

첫째, 성과에 있어 목표를 부여하는 방식이 중요하다.

드래곤볼 단행본 3권에 보면 무천도사가 본격적으로 훈련을 시작하기 전 목적에 대해 명확히 설명하는 대목이 나온다.

"무도를 연마하는 것은 싸움에서 이기기 위한 것만도 아니요, 여자에게 강하다는 말을 듣기 위해서도 아니다. 무술을 연마함으로써 심신이 건강해지고, 그럼으로써 인생을 즐겁고 재미있게 살자고 하는 것이다. 다만 부당한 힘으로 자기나 혹은 착한 사람들을 괴롭히는 적에게는 한 방 먹여 주는 것도 필요하다."

그는 본격적인 프로그램 시작에 앞서 배움의 목표를 확실히 함으로써 학습의 방향을 명확히 했다.

무천도사가 비즈니스 세계에 큰 통찰을 주는 부분 중 하나는 그가 훈련에 있어 성과 목표가 아닌 학습 목표를 강조했다는 것이다. '2주 안에 벤치프레스를 30kg 들어 올린다', '4주 안에 100m를 9초대로 돌파한다' 등의 성과 목표가 아닌, '무술의 기초를 닦기 위해서는 정신력과 집중력을 연마해야 한다', '체력 단련을 통해 정신과 신체의 조화로운 발달을 이루어야 한다' 등의 학습 방향을 강조한 것이다.

일리노이대학교의 캐롤 디에너Carol I. Diener 교수와 스탠포드대학교의 캐롤 드웩Carol S. Dweck 교수는 일찍이 목표 성취를 위해 성과 목표를 지향했던 그룹과 학습 목표를 지향했던 대상 간에 실패에 대한 반응을 조사한 실험을 시행한 적이 있다. 이 실험에서는 12개의 문제를 제시하고 8개의 문제는 누구나 풀 수 있는 쉬운 문제를, 4개의 문제는 쉽게 풀 수 없는 고난이도의 문제를 풀게 했다. 성과 목표를 지향했던 그룹은 이 4개의 문제를 극복할 수 없는 과제로 인식하고 이내 포기했지만, 학습 목표를 지향했던 그룹은 이를 도전으로 인식하고 문제 해결을 위한 노력을 보였다. 학습 목표를 지향한 학생들은 노력과 도전을 목표를 수행하기 위한 하나의 도구로 생각했기 때문이다.

이와 비슷한 실험이 MBA 학생들을 대상으로도 시행되었다. 토론토대학교 연구팀은 성과 목표와 학습 목표의 차이를 경영 시뮬레이션 게임을 사용해 연구했다. 연구 결과는 상당히 대조적이었다. 학습 목표를 부여받아 업무를 수행한 결과가 성과 목표를 받을 경우보다 2배 이상 좋았다. 학습 목표가 부여된 경우 자신감이 높아졌으며, 도전적인 업무에 흥미를 느끼고 스스로도 성장하며 발전하고 있다는 느낌을 받았다.

성과 위주의 목표는 단순한 저성과뿐만 아니라, 조직 자체를 곤경에 빠트릴 수도 있기에 특히 조심해야 한다. 혁신 기업으로 포춘지에 매년 이름을 올리던 엔론Enron은 과도한 사회적 극찬에 매년 달성하기 힘들 정도의 성과 목표가 주어졌다. 엔론의 회장 케네스 레이Kenneth Lay는 세계 최대의 에너지기업이 될 것을 공언했고, 연평균 60% 이상의 성장률을 달성한다는 목표를 잡았다. 하지만 이 무리한 성과 목표를 따라잡기 위해 엔론은 역사적인 사건으로 기록된 분식회계 부정을 저질렀고, 2개월 만에 파산하고 말았다. 폭스바겐 또한 이산화탄소 배출량을 2015년까지 30% 감축하겠다고 공언한 후 이 목표를 달성하기 위해 조직원들을 극심한 스트레스로 내몰았다. 결국 목표 달성을 위해 직원들은 이산화탄소 배출량을 조작할 수밖에 없었고, 회사를 위기로 몰아넣었다.

무천도사는 훈련의 결과를 검증하기 위해 8개월이라는 훈련기간을 설정하고 천하제일 무술대회에 참가하는 계획을 세운다. 그리고 이 목표를 제자들에게 전달할 때도 "천하제일이 되는 것이 목표가 아니다. 무술대회 출전을 목표로 하는 것이다"라고 강조하며 성과 중심의 목표를 지양했다. 성과 목표가 아닌 학습 목표를 통한 성장을 이끌어 낸다는 것이다. 기업에서 '매출을 30% 증대시켜라'라는 성과 목표를 제시하는 대신, '매출 30%를 올리기 위한 전략을 도출하라'는 학습 목표를 주는 것이 더욱 유익하다는 이야기다.

둘째, 성과는 가장 기본적인 역량이 뒷받침되어야 발현된다.

훈련 시작 8개월 후 무천도사의 바람대로 손오공과 크리링은 천하제일 무술대회의 출전권을 따낸다. 5년에 한 번씩 열리며, 전국 137명의 무림고수 가운데 단 8명에게만 출전권이 주어지는 이 대회에서 5.8%라는 절망적인 확률을 이겨내고 기적을 현실로 만들어 버린 것이다. 그렇게 짧은 기간에 대단한 성과를 낼 수 있었던 이유는 무슨 대단한 훈련 때문이 아니었다. 사실 무천도사의 프로그램에는 그 어떠한 권법이나 격투 기술도 찾아볼 수 없다. 지겹도록 무한히 반복되는 체력 단련 프로그램만 있었을 뿐이다.

<무천도사 트레이닝 프로그램>

04:30 : 기상

새벽 훈련 : 교통수단을 이용하지 않고 극한 지역으로 우유배달

아침훈련 : 대농지에서 맨손으로 밭 갈기

아침식사 : 외부 식당 이용

교양공부 : 국어 등

12:30~13:30 : 낮잠

오후 훈련 1 : 아르바이트 겸 공사일(삽질 및 흙 나르기 등)

오후 훈련 2 : 상어가 사는 호수에서 왕복 수영 10번 하기

오후 훈련 3 : 나무에 몸을 묶어 놓고 벌집의 벌 피하기

비즈니스에서도 제대로 된 성과를 내기 위해서는 기초 역량이 중요하다. 기본이 부실한 상태에서 최신 경영 트렌드, 경영혁신 기법을 무분별하게 수용하는 것은 모래위에 집을 짓는 꼴이다. 세계 유수의 최고경영자 교육기관인 INSEAD, 와튼스쿨, 하버드, 스탠퍼드의 MBA 과정에도 재무, 회계, 조직 관리 등의 경영 기초 학문을 필수로 이수하게 되어 있다. 굳건한 기초 위에서 더 많은 응용

이 가능하고, 새로운 혁신 기법이 제대로 작동할 수 있다는 굳은 신념 때문이다.

그런데 문제는 기초 지식이라는 것을 조직에 바로 적용할 수 없다는 점이다. 바로 활용하기 힘든 기초 교육은 조직에서는 죽은 교육이요, 기업은 진리 탐구의 조직이 아니라는 것이다. 기초 기술은 배우기 어렵고, 시간이 걸리며, 중요하지 않아 보인다. 기업의 제품을 좀 더 경쟁력 있게 만드는 것은 응용 기술이지 기초 기술이 아니라는 것이 조직의 반론이다.

하지만 급변하는 기업 환경에 적응하고 신제품을 통해 기업이 성장하기 위해 필요한 것은 응용 기술이 아니라 기초 기술이다. 기초 기술이 중요한 이유는 그것이 얼마든지 변화무쌍한 형태로 새로운 분야에 적용될 수 있는 원천 기술이기 때문이다. 2004년 황우석 박사의 인간 줄기세포 연구 사건이 사회적으로 이슈화된 것은 줄기세포라는 원천 기술의 확보가 불치병과 만성질환의 치료, 멸종동물 복제 등 다양한 분야에서 응용이 가능하기 때문이었다. 반도체의 구조, 소재, 전기적 특성 등 기초 지식이 중요한 것은 반도체 소자로 구성된 컴퓨터의 마이크로프로세서, 메모리, 모니터의 응용 제조를 가능하게 하기 때문이다.

2011년 일본 후쿠시마원전 사고 당시 가장 큰 손해를 본 것은 엉뚱하게도 국내 휴대전화 제조업체들이었다. 휴대전화 제조의 핵심 부품을 일본에서 수급해 왔기 때문이었다. 그리고 그 이면에는 기초 기술의 부재가 있었다. 더 큰 미래를 그릴 수 있는 기초 연구

손오공과 크리링을 가르치는 무천도사

에 대한 장기적인 투자와 연구가 필요한 까닭이다. 혼다<sup>Honda</sup>의 제품 개발 부서는 100%의 성공을 요구받지만, 기초 기술을 담당하는 R&D 부서는 99%의 실패도 용인하며 1%의 성공도 장려한다. IBM은 반도체 기초 기술의 지속적인 개발을 통해 현재의 경쟁력을 갖출 수 있었다.

무천도사는 그의 수제자 손오공과 크리링에게 끝내 권법다운 권법 하나 가르치지 않은 채 바로 천하제일 무술대회에 내보낸다. 그리고 두 사람 모두 손쉽게 무술대회 출전권을 따낸다. 결국 반복되는 체력 훈련 그 자체가 거북신선류 무술의 본체였던 것이다. 그리고 손오공은 무술대회 도중 무천도사의 기술을 흉내 내어 자신만의 '에네르기파'를 완성시킨다. 무술의 기초를 익혀 자신만의 응용이 가능해진 까닭이다.

이제 우리는 무천도사의 단순한 훈련 프로그램과 그가 주는 메시지를 통해 우리가 속한 조직이 성장할 수 있는 비결을 찾아야 한다. 성취를 위한 조직의 학습 목표를 세우고 조직의 기초 체력을 꾸준히 키우기 시작할 때, 천하제일 무술대회라는 치열한 무한경쟁 시장에서 조직의 '에네르기파'를 날리는 성과를 얻을 수 있다.

# 6
# 레드리본군에게서 배우는
# 영속하는 조직

드래곤볼 연재 초기, 손오공의 유년기 시절, 드래곤볼을 차지하기 위해 살상을 일삼는 거대 군사 조직 '레드리본군'이 나온다. 비록 손오공에게 조직 전체가 붕괴되긴 했지만 레드리본군은 뛰어난 기술력과 체계적인 조직, 세분화된 군부대를 갖추고 있던 드래곤볼 역대 최고의 악당 조직이었다.

레드리본군은 레드 사령관의 총괄 지휘 아래 참모 블랙, 두 명의 장군과 세 명의 대령, 한 명의 상사와 중사를 핵심 멤버로 구성된 조직화된 군부대였다. 또한 레드리본군은 세계 정복을 목적으로 만들어진 조직답게 국가 수준의 전투력을 보유하고 있었다. 보병 사단, 수십 대의 제트 전투기를 운용하는 비행전대, A팀으로 불

(좌) 게로 박사가 만든 인조인간 19호
(우) 스스로 인조인간이 된 게로 박사 (인조인간 20호)

리는 잠수함 전단, 전투 로봇 군대 및 안드로이드 개발을 지휘하는
R&D팀 등. 뿐만 아니라 계약직 청부 살인 조직까지 갖추고 있었
다. 특히 게로 박사가 이끄는 R&D팀의 기술력은 수준급이어서 안
드로이드 개발뿐 아니라 전투용 생체 생물을 개발해 실전 배치했
으며, 드래곤볼 레이더도 이미 보유하고 있었다.

　이렇게 거대한 조직이었지만 손오공 단 한 명에 의해 본부가 파
괴되고 소속 간부들은 몰살당하고 만다. 또한 내부 분란이 일어나
레드 사령관은 참모 블랙에게 살해당하고, 블랙 또한 손오공에 의
해 목숨을 잃음으로써 레드리본군은 드래곤볼에서 모든 자취를
감췄다.

그런데 놀랍게도 시간이 한참 흘러 드래곤볼 Z(드래곤볼 사이어인 편 이후부터 마인 부우 편의 총칭) 이후, 그것도 연재 후반기를 달리고 있던 시점에 레드리본군이 다시 등장한다. 레드리본군은 손오공에 의해 멸절당했지만, 게로 박사 혼자 살아남아 손오공을 처치할 인조인간과 생물 무기를 개발하고 있었던 것이다. 인조인간 16, 17, 18, 19, 20호, 그리고 손오공과 Z전사들을 죽음의 위기로 몰아넣은 생체형 인조인간 '셀'은 이런 배경을 가지고 만들어진 게로 박사의 대표작이었다. 우리가 레드리본군에게 배워야 할 한가지 교훈이 있다. 바로 게로 박사와 같은 핵심 인재 한 명이 조직의 성장과 영속성에 큰 영향을 줄 수 있다는 것이다.

당나라의 제2대 황제인 태종은 만리장성을 쌓았음에도 국경 주변의 잦은 전쟁 때문에 골머리를 앓고 있었다. 태종은 고민 끝에 전쟁 해결의 방안으로 칙사를 보내 화친을 맺는 방법을 선택한다. 이런 전략에 따라 이세적李世勣을 선발하여 적진에 보냈는데, 그는 온갖 어려운 상황을 탁월한 기지로 극복하고 화친에 성공하고 돌아온다. 이에 태종은 '인현장성'人賢長城이라는 네 글자를 써서 그의 공로를 치하했다. 현명한 인재 하나가 장성보다 낫다는 말이었다. 철벽 위용의 만리장성으로도 극복할 수 없었던 것을 단 한 명의 탁월한 인재의 능력으로 이뤄낸 것을 경험한 태종은 추후 지속적인 인재 경영의 정사를 펼쳤다.

현재 비즈니스 세계에서도 마찬가지다. 우수 인재 확보가 기업 경영의 키워드로 등장한 것은 이미 오래 전이다. 매 시기마다 경영 전문가나 경제연구소는 인재 확보와 육성이 기업경쟁의 성패를 좌우한다고 말한다. 삼성 이건희 회장은 "2~3세기 전에는 10만 명, 20만 명이 군주와 왕족을 먹여 살렸지만, 지금은 한 명의 천재가 10만 명, 20만 명을 먹여 살리고 있다"는 핵심 인재론을 피력한 바 있다. 심지어 이건희 회장은 중간치의 평범한 사람은 별 소용이 없다고 언급하며 상위 5% 이내 우수 인재 한 명을 채용하는 것이 그 아래 10명을 채용하는 것보다 낫다고 주장했다. 따라서 기업들은 지속적으로 사내 MBA를 배출하려는 노력을 하고 있고, '해외 우수인력 유치단'을 파견해 해외 유수 대학 석·박사를 유치하는 데 혈안이 되어 있다.

그렇다면 조직의 운명을 좌지우지할 게로 박사와 같은 핵심 인재는 어떻게 육성해야 하는가?

첫째, 단순히 기능성을 강조하는 것이 아니라 조직의 전략을 잘 실천할 수 있는 인재를 육성하는 것이다.

대부분의 기업에서는 조직의 전략과 무관한 인재 육성을 하는 경우가 많다. 글로벌 리더, 창의적 리더, 혁신적 리더 등 애매모호한 인재상에 부합되게 애매모호한 교육을 진행한다. 직무교육도 마찬가지다. 조직의 큰 그림이 배제된 채 기술만을 강조하는 인재 육성이 만연하기에 정말 조직에서 필요한 것이 무엇인지 간과되고 만다. 단순히 괜찮은 사람을 뽑아서 열심히 키우다 보면 언젠가 잘 활용할 수 있겠지라는 막연한 생각으로는 조직을 움직이는 인재를 육성할 수 없다.

핵심 인재를 배출하는 기업은 인재 육성을 통해 조직이 어떤 비전과 목표를 달성하고 싶은지를 아는 기업이다. 다시 말해 회사의 비전과 전략, 목표에 따라 어떠한 역량 육성이 필요한지를 고민한다는 것이다.

예를 들면 제너럴일렉트릭<sup>GE</sup>은 '기술 리더십', '서비스 강화' 등 조직 성장을 위한 다섯 가지 전략을 설정하고 이에 맞는 인재 육성 프로그램을 고안했다. 회사의 전략과 인재 육성이 따로 노는 것이 아니라 긴밀하게 통합되는 육성 시스템을 구축한 것이다. 그 밑바탕에는 조직에 필요한 역량을 가진 인재를 육성하면 조직은 자연스럽게 혁신과 성장을 지속할 것이라는 생각이 깔려 있다.

레드리본군의 미션은 세계 정복, 그리고 핵심 전략은 '손오공을 처치하는 것'이었다. 따라서 레드리본군이 절멸되었음에도 혼자 남은 게로 박사는 조직의 미션과 전략을 충실히 따라 손오공을 처치하기 위해 끊임없이 연구를 진행한다. 그 결과 게로 박사는 드래곤볼 최강의 강적인 인조인간 시리즈와 인공생명체 셀을 만들어 내는 업적을 남길 수 있었다.

둘째, 인재 육성을 위해 협업을 강조하는 육성 시스템을 구축하는 것이다.

게로 박사는 파워가 부족하고, 명령을 잘 듣지 않는 인조인간의 결함을 개선하고자 아예 인공적인 생명체를 창조하기를 원했다. 이에 따라 '셀 프로젝트'를 시작했지만 아쉽게도 기술의 한계로 인해 중단하고 만다. 하지만 게로 박사의 뇌를 이식한 인공지능 컴퓨터는 독자적으로 프로젝트를 진행시켜 수십 년 만에 셀을 탄생시켰다.

게로 박사는 캡슐 코퍼레이션을 창립한 부루마의 아버지 브리프 박사도 쉽게 이해할 수 없는, 인조인간 설계도를 그려낸 천재였다. 하지만 우주 각지에 뿌려진 정찰용 드론에서 얻은 손오공, 베지터, 피콜로, 프리저의 세포 정보가 없었다면 혼자서 셀 프로젝트를 진행하는 것은 불가능했을 것이다. 최고의 세포 정보를 채집하고 융합해 만들어 낸 것이 바로 셀이었기 때문이다. 즉 드론의 정보라는 집단 지성을 기반으로 한 육성시스템 구축을 통해 게로 박사의 인생 역작이라 할 수 있는 궁극적 생체 병기 '셀'을 만들어 낸 것이다.

최근 업무에 필요한 지식과 정보가 늘어나면서 인재 육성의 니즈는 예전과 달리 복잡해졌다. 프로젝트나 협업이 늘어나면서 업무가 더욱 복잡해지기 때문이다. 따라서 집합 교육 등 획일화된 기존의 교육 방식을 고수하다가는 교육의 효용이 떨어질 수밖에 없다. 그러므로 정형화된 정규 교육을 초월해 조직 구성원 개인에게 필요한 니즈를 신속하고 효율적으로 전달하는 것이 중요하다. 이를 위해 필요한 니즈만 적시에 학습 가능한 e러닝 시스템이나 참여와 토론, 지식 공유를 통해 집단지성의 발현을 가져올 수 있는 인재 육성 시스템 구축이 필요하다.

IBM은 최근 패스잇온<sup>Pass it On</sup>이라는 통합 교육시스템을 구축했다. 조직원들의 교육 니즈와 커뮤니케이션을 위한 SNS 기능과 조직원들이 독자적인 교육 콘텐츠를 제작할 수 있는 기능이 통합된 새로운 형태의 교육 솔루션이다. 조직 구성원은 알고 싶은 주제를 게시판에 올리고, 커뮤니티를 통한 집단지성을 통해 문제 해결을 위한 토론과 학습이 진행되는 것이다.

토리야마 아키라는 원래 게로 박사가 셀을 대신할 최종 보스였다고 말한 바 있다. 핵심인재였던 게로 박사를 통해 다시 레드리본군을 재건할 셈이었던 것이다. 이제 조직에 필요한 것은 단순히 일 잘하는 인재가 아니다. 천 명, 만 명을 먹여 살리고 조직을 회생시킬 수 있는 조직의 철학과 전략에 입각한 비전형 인재가 필요하다.

# 7
# 제2의 드래곤볼은
# 시스템에서 나온다

1995년 5월 23일 에피소드 519화, '바이 바이 드래곤월드'<sup>バイバイ</sup>
<sup>ドラゴンワールド</sup>를 마지막으로 드래곤볼은 역사 속으로 사라진다. 1994
년 600만 부 돌파라는 신기록을 세운 점프지는 드래곤볼 연재 종
료 직후 500만 부로 떨어졌으며, 출판사인 집영사<sup>集英社</sup>, 소학관<sup>小學</sup>
<sup>館</sup>, 애니메이션을 전개해온 토에이<sup>東映アニメーション</sup>, 후지TV<sup>フジテレビ</sup>, 완
구류 및 관련 상품을 판매해온 반다이<sup>バンダイ</sup>의 실적과 주가는 급락
했다. 드래곤볼은 이미 한 사람에 의한 창작물 수준이 아니었다.
수많은 이해관계자가 얽혀 있는 비즈니스 산업이 되어 버린 것이
다.

어느 순간 드래곤볼 연재를 종료하는 것이 작가 혼자만의 의지

로 할 수 없게 되었다. 토라야마 아키라는 진지한 액션물보다는 닥터 슬럼프 식의 얼토당토않은 코믹물을 더 좋아했던 본인의 성향도 있었지만, 마감에 맞춰 쥐어짜듯 나오는 주간 연재와 동시에 진행되는 드래곤퀘스드의 캐릭터 디자인, 각종 일러스트 작업 등으로 지쳐 있었기에 어떤 식으로든 끝을 내고 싶은 마음이 컸다. 실제로 드래곤볼의 편집자였던 토리시마 카즈히코鳥嶋和彦는 최근 한 TV 인터뷰에서 드래곤볼은 원래 프리저 편에서 끝낼 생각이었다고 밝힌 바 있다. 하지만 점프 앙케이트 조사 5년 연속 1위라는 압도적인 인기, 해외 판권 수출과 캐릭터 산업의 확대 등 너무 커져 버린 드래곤볼 관련 산업 때문에 연재를 계속하게 되었다. 셀 편 이후 드래곤볼을 마무리하려던 토리야마 아키라에게 문부성 차관이 찾아와 연장을 부탁했다는 일화가 있을 정도로 드래곤볼의 영향력이 커져 버린 까닭이다. 일본의 애니메이션 진흥 정책에 따라 수출 주력 콘텐츠 사업을 벌이고 있던 시기에 드래곤볼의 부재는 국가 비즈니스에도 큰 영향을 미칠 수밖에 없었다.

우리는 드래곤볼이 연재를 종료했던 방식을 통해 중요한 비즈니스 교훈을 얻을 수 있다. 핵심 인력의 역량에만 치중된 조직은 결국 쇠퇴의 길을 걷게 된다는 것이다.

사람의 역량에 지나치게 의존하는 기업들의 특징을 살펴보자. 사람에 의존하는 조직에는 먼저 업무의 완벽한 위임이 일어난다. 이는 시스템의 부재로 누가 어떤 일을 해야 하는지에 대한 명확한 기준이 없기 때문에 일어나는 현상으로, 역량 개발을 위한 위임이 아닌 책임 전가를 위한 위임이다. 이러한 업무 위임은 가장 일을 잘하는 사람에게 집중되며, 조직의 핵심 인재는 결국 업무 과다로 인해 조직을 이탈하게 된다. 다른 직원에게 업무가 돌아가지만 시스템이 아닌 사람에 의존하다 보니 "전임자는 잘했는데 너는 왜 못하느냐?" 식의 언쟁이 일어나고, 이는 목표 달성을 위해 몰아붙이는 식의 강압적인 조직 문화로 변질된다. 그리고 그 결과는 생산성 저하로 연결돼 더 이상의 인재를 수급할 수 없는 지경에 이르게 된다. 기업 경쟁력의 원천을 핵심인력 중심으로 가져간 결과이다.

그렇다면 어떻게 이런 사태를 모면할 수 있을까? 중요한 것은 사람에 의해 좌지우지되는 구조가 아닌 시스템을 통해 움직이는 구조를 만드는 것이다. 단 한 명의 콘텐츠 크리에이터가 비즈니스 산업의 전체를 뒤흔드는 형태로는 지속적인 성장이 불가능하다. 콘텐츠를 지속적으로 창출할 수 있는 시스템 구축을 통해 지속 가능한 성장으로 연결시켜야 한다. 사람이 핵심 경쟁력이 되면, 그 사람이 이탈하는 순간 조직 전체가 위기에 빠질 수 있다.

미국 경영학자 에드워드 데밍<sup>W. Edwards Deming</sup>은 비즈니스의 성공을 위해서는 개인의 성과가 아닌 시스템을 향상시키는 데 집중해야 한다고 말한 바 있다. 시스템이 잘 확립되어 있는 조직은 외부 의존성이 낮다. 맥도널드는 어디를 가든 동일하다. 신규 점장이 매뉴얼을 보고 모든 업무를 익히는 데 오랜 시간이 걸리지 않는다.

현대모비스는 사람이 아닌 시스템으로 굴러가게 한다는 모토로 대대적인 시스템 혁신을 위해 노력하고 있는 기업이다. '시스템 경영'을 위해 모든 조직원이 중요 정보에 쉽게 접근할 수 있도록 시스템을 개선했고, 의사결정 프로세스를 개선해 비상시에도 즉각적인 대응이 가능하도록 했다. 생산관리의 시스템화를 위해 10개국 법인의 모든 생산 현황을 한눈에 볼 수 있는 종합상황실도 구축했다. 최근에는 MCloud라는 사무관리혁신 시스템을 구축해 기존의 사람 중심 경영 환경에서 완전히 탈피한 모습을 보여줬다. 누구나 쉽게 문서를 찾아볼 수 있는 시스템, 단순 취합에서 공동 편집이 가능한 시스템, 최근 작성된 문서를 관리해주는 시스템의 도입을 통해 담당자 부재나 이탈 시에도 다른 사람이 대신 업무를 마무리할 수 있는 환경을 구축한 것이다.

또 다른 사례로 한진해운의 시스템경영 사례를 살펴보자. 2011년 4월 21일 한진텐진호는 소말리아 해적과 맞닥뜨렸다. 하지만 해적들은 한진텐진호를 따라잡지 못하고 로켓포 두 발만 쏜 채 공격을 멈추었다. 소말리아 해변에서는 평균속도인 15노트보다 빠른 20노트로 운항을 해야 한다는 강제 규정에 따라 행동했기 때문에 해적들은 한진텐진호의 속도를 따라잡지 못했던 것이다. 한진텐진호의 선장은 매뉴얼에 따라 엔진을 정지시킨 후 선원들을 긴급대피소로 피난시켰고 해적들은 빈 배에서 서성이다 물러갔다. 한진해운은 시스템 경영의 중요성을 인지하고 해상사고 발생 시마다

이를 분석하고 매뉴얼을 발전시켰다. 그에 따라 한진텐진호는 선장의 주관에 따라 움직이지 않고 위험을 최소화시킬 수 있었던 것이다.

드래곤볼의 연재 종료는 그 경제적 파급 효과 때문에 철저히 비밀에 부쳐졌으며, 심지어 담당 편집자였던 호리에 노부히코<sup>堀江信彦</sup> 또한 연재가 끝날 때까지 모르고 있었다. 최종적으로 연재 종료가 결정된 이후 드래곤볼로 인한 경제적 충격을 최소화하기 위해 집영사, 반다이, 토에이의 임원진들이 모여 몇 주에 걸친 대책회의가 진행되었고, 드래곤볼 종료에 따른 향후 비즈니스 전략에 대한 액션 플랜이 수립된 이후 최종적으로 연재를 종료할 수 있었다.

이제 한 명의 슈퍼 작가에 모든 것을 베팅하는 것이 아니라, 신인 작가를 발굴하고 육성하는 체계적인 시스템을 통해 제2의 토리야마 아키라를 지속적으로 배출하는 것이 필요하다. 드래곤볼 연재 종료로 인해 침체기를 겪었던 집영사의 실수를 범하지 않기 위해서 조직 내 시스템 구축이 필요한 까닭이다.

# 8
# 베지터의 실패는
# 교만에서 비롯되었다

최근 영국 최대 소매 유통기업인 테스코<sup>TESCO</sup>가 이윤을 부풀리는 분식 회계를 저질러 주가가 폭락하는 사태가 벌어졌다. 실적 손실은 10조 원에 달했다. 파이낸셜타임스<sup>Financial Times</sup>는 테스코의 위기 원인으로 교만을 뽑았다. 기업들은 성공의 시기에 교만에 빠져 과거에 성취했던 전략을 가지고 무분별한 확장을 시도한다는 것이다. 칼럼니스트 존 개퍼<sup>John Gapper</sup>는 테스코는 영국 식료품 시장의 32%를 장악한 뒤 부채에 의존한 글로벌 확장을 무리하게 추진하면서 스스로를 위기에 몰아넣었다고 평가했다.

혁신적인 컨베이어벨트 생산시스템으로 자동차 시대를 연 포드는 자동차 왕이라 불리며 자만에 빠졌다. 국민을 위한 차라는 모토를 가지고 탄생한 '모델T'의 성공 신화로 기업의 모든 역량을 저비용 대량 생산에만 집중했다. 그리고 곧 GM에 왕좌를 내주게 된다. 미국의 경제는 이미 가구마다 두 대의 자동차를 보유할 수 있을 정도로 성장했고, 오직 검정색으로만 출시되는 모델T에 식상한 미국인들은 새롭고 다양한 자동차를 원했던 것이다.

드래곤볼 캐릭터 중에 유독 교만에 빠져 곤경에 처하는 캐릭터가 있다. 바로 베지터이다. 베지터는 상급 엘리트 전사 태생으로, 스스로 대단한 자긍심을 갖고 있는 인물이다. 하지만 그는 자신의 교만과 과도한 자신감 때문에 여러 차례에 걸쳐 목숨을 위협받고 수모를 당한다.

프리저 편에서는 파워 업을 통해 3단 변신을 한 프리저의 움직임을 파악할 정도가 되자 자신이 초사이어인이 되었음을 확신하며 "여기 있는 게 네놈이 가장 두려워하던 초사이어인이다"라는 기세등등한 대사를 날린다. 하지만 프리저는 아직 최대 전투력의 절반도 내지 않은 상태였고, 자신이 혼신의 힘을 담은 일격을 프리저는 한 방에 받아쳐 버린다. 그리고 베지터는 태어나서 처음으로 겪는 좌절과 두려움으로 절망을 느끼고 눈물까지 흘리며 완전히 전의를 상실한다. 손오공이 구세주로 등장할 때까지 베지터의 대사는 '울먹, 울먹' 단 두 단어였다.

시간이 지나 인조인간 편에서 베지터는 수련을 하여 초사이어인이 된다. 하지만 자신의 힘을 과신하고 여자에다 깡통이라고 깔보던 인조인간 18호에게 얻어맞고 팔까지 부러지는 수모를 겪는다.

또한 셀 편에서는 수련을 통해 강해진 자신의 힘을 믿고 자만했다가 셀이 완전체가 되도록 방관해 버린다. 그리고 완전체가 된 셀에게 두들겨 맞고 기절한다.

일본의 경제주간지 닛케이비즈니스日経ビジネス는 일본 기업의 평균수명은 30년이며, 경영자의 자질이 그 수명을 결정한다는 연구 결과를 발표했다. 그리고 결국 기업을 망하게 하는 요인은 경영자의 교만한 태도라는 결론을 내린다. 교만한 경영자는 자기는 절대 넘어지지 않는다는 자만심을 가지고 과거의 성공에 안주하기 때문이었다. 이것이 우리가 교만을 경계하고 항상 겸손한 태도로 변화하는 경영 환경을 예의주시하고 대응해야 하는 이유이다. 따라서 겸손을 단순히 개인의 인성으로 생각할 것이 아니라, 기업 경영의 중요한 요소로 가져가는 것이 중요하다.

최근 중국 대기업 CEO들의 리더십 스타일과 성과에 관한 연구가 발표됐다. 이 연구가 재미있는 것은 리더들의 겸손 정도와 기업의 성과를 분석했다는 것이다. 겸손의 지표로는 피드백을 겸허히 수용하는 자세, 자신의 한계를 인정하는 태도, 타인에 대한 배려 등 6가지 항목으로 구성됐다. 그리고 각 항목에서 높은 점수를 받은 리더의 기업 성과가 좋게 나타났다. 겸손의 리더십은 열린 마음으로 새로운 시도를 가능하게 하고, 직원들의 업무 몰입도를 향상시켜서 높은 조직 만족도를 이끌어내며, 이를 통해 더 좋은 성과를 낼 수 있게 하기 때문이다.

인조인간 18호에게 팔이 부러지는 베지터

최근 들어서는 겸손이 단순히 경영자의 리더십 범주를 벗어나 기업 성장을 위한 경영 지표와 핵심 가치로도 나타나고 있다. 결국 겸손한 조직이 성과를 낸다는 것이다.

세계 최고의 혁신 기업, 세계 최고의 직장으로 불리는 구글은 그 명성답게 채용 절차 또한 상당히 까다롭기로 유명하다. 세계 최고의 직장은 직원들을 어떻게 뽑을까?

놀랍게도 구글의 채용에 가장 중요한 항목은 뛰어난 직무 능력, 스펙, 경험, 리더십이 아닌 '겸손'이었다. 뉴욕타임스 칼럼리스트인 토마스 프리드만<sup>Thomas L. Friedman</sup>이 구글의 인사 담당 수석 부사장이었던 라즐로 복<sup>Laszlo Bock</sup>과 인터뷰를 하면서 밝힌 구글 인재의 비밀은 바로 '겸손한 인재'라는 것이었다. 라즐로 복은 그의 저서《일하는 원칙》<sup>Work Rules</sup>에서도 영리하고 성실하며 겸손한 사람을 채용한다고 직접 밝히고 있다<sup>It's essential that you hire the right people-smart, conscientious, and humble</sup>.

라즐로 복은 겸손이 왜 조직에 필요한지에 대해 이렇게 설명한다.

"팀이 문제에 직면하면 당신은 팀의 일원으로서 적절한 때에 앞으로 나와 리드를 해야 한다. 마찬가지로 다른 의견이 옳다고 판단되면 뒤로 물러서 리드를 멈추고 남에게 리더의 역할을 넘길 수 있어야 한다."

즉 타인의 의견을 수용하며, 더 나은 결과물을 얻기 위해서는 겸손의 덕목이 필수라는 것이다. 그런 겸손의 문화를 통해 기업은 멈춰 서지 않고 성장을 지속할 수 있다.

자신의 교만 때문에 어려움을 겪었던 베지터는 코믹스의 전개가 후반부로 치닫게 되면서 변화된 모습을 보여준다.

"네가 넘버원이다. 힘내라 카카로트……."

드래곤볼의 최종 보스인 마인 부우에게 대항할 자는 손오공밖에 없음을 인정한 베지터가 한 대사이다. 그동안 자만심과 자존심 때문에 인정할 수 없던 자신의 최고 라이벌인 손오공을 최강으로 인정한 것이다. 그리고 손오공을 인정한 뒤로는 교만을 내려놓고 초연하게 자신의 한계에 도전하는 무술가로서의 삶을 살게 된다.

성장을 위해서는 먼저 자신을 인정하고 교만을 내려놓는 지혜가 필요하다. 겸손한 조직은 자신의 부족함을 인정할 줄 안다. 따라서 타인의 의견을 겸허히 받아들이며 더 좋은 성과를 위해 변화를 시도한다. 그 결과 최고의 성과를 내며, 그 성과에 안주하지 않고 다시 한 번 도약을 위해 혁신을 시도한다. 이것이 겸손이 기업의 경쟁력일 수밖에 없는 이유이다.

# 4장

드래곤볼에서 배우는

# 조직 관리

# 1
# 손오공이 일대일 승부를 고집하는 이유

드래곤볼 작품의 큰 주제 중 하나는 '페어플레이' 정신이다. 페어플레이는 정당한 승부를 의미하는데, 주로 스포츠의 세계에서 통용되는 말이다. 드래곤볼 전투의 특징은 지구의 미래나 자신의 목숨을 건 전투를 앞두고 있으면서도 그 싸움이 게임의 성격을 갖는다는 것이다. 그리고 그 게임이라는 성격은 싸움에서 페어플레이 정신의 중요함으로 연결되는 고리가 된다.

드래곤볼에서 싸움의 암묵적인 룰은 바로 일대일 승부이다. 수많은 적이 등장함에도 승부는 오직 일대일 결투로 판가름 났다. 심지어 내퍼와 베지터, 인조인간 19호와 20호, 17호와 18호와 같이 콤비로 등장한 적들도 동시에 덤비는 법이 없다. 독자들은 콤비

셀과 일대일 승부를 하는 손오공

의 등장에 새로운 싸움 스타일을 생각했겠지만 한 명씩 번갈아 가
며 싸운다는 룰을 고수한다. 이것은 "네놈들이 무사도 정신을 소
중히 여길 거라 생각해서 이것만은 말해두겠다. 베지터와 18호의
일대일 시합을 방해하는 자는 없을 테지만, 만약 끼어들면 나도
전투에 참여하겠다"라는 인조인간 17호의 대사에서도 명확히 드
러난다. 이 룰은 Z전사들도 마찬가지다. 떼거리로 몰려들어 싸워
도 모자랄 판에 손오공은 "너희들은 끼어들지 말아줘"라고 말하며
전투의 공정성에 대해 강조한다.

완전체가 된 셀은 자신의 강함을 과시하기 위해 천하제일 무도
회를 표방한 '셀 게임'을 개최하는데, 게임의 룰에 대해 셀은 이렇
게 설명한다.

"일대일로 싸워 내가 이기면 다음 상대가 다시 나랑 싸우는 방

식이다."

셀 또한 일대일 방식을 고수하며 싸움의 공정성에 대해 말하고 있다. 더 나아가 토리야마 아키라는 셀 게임을 통해 공정한 게임의 원칙과 페어플레이 정신에 대해 강조하고 있다.

셀 게임의 첫 라운드였던 셀과 손오공의 전투에서는 다음과 같은 대화가 오간다.

"녀석! 체력이 상당히 떨어진 것 같군. 선두라는 것을 먹어보는 게 어떻겠냐, 손오공?"

셀은 손오공에게 선두를 권하지만, 손오공은 게임에서 기권한다. 자신보다 실력의 우위를 보여준 셀에게 깨끗이 패배를 인정한 것이다. 그리고 크리링에게 이런 말을 한다.

"크리링, 선두 있지? 한 알 줄래? 녀석은 체력이 떨어져 있어. 이대로 싸우면 공평하지 못해."


최근 공정성이 화두로 떠오르고 있다. 2018년 1월 법무부, 국민권익위원회, 경찰청, 공정거래위원회, 여성가족부, 인사혁신처, 법제처가 참석한 정부 업무보고가 있었다. 국무총리, 7개 부처 장관과 차관이 참석한 이 회의의 주제는 다름 아닌 '공정하고 정의로운 사회 정착'이었다. 국민소득 3만 달러 시대에 부패를 척결하고, 반칙과 특권이 없는 사회를 통해, 모든 국민이 공정한 기회와 공정한 경쟁이 가능한 사회를 만들겠다는 것이다.

이는 비단 공공 기관에만 해당하는 사항이 아니다. 기업들도 지속적인 성장을 위해서는 공정성이 중요한 핵심 요소로 작용하고 있다. 승승장구하던 세계적인 기업이 공정한 경쟁을 하지 못해 무너진 사례는 수도 없이 많다. 미국 최대 규모의 통신회사였던 월드컴Worldcom은 전례 없는 규모의 회계부정을 저질러 파산의 수순을 밟았다. 미쓰비시는 정부 클레임 조사에 수백여 건의 리콜 안건을 은폐하고 상품 정보만 보고해 사장이 사퇴하고 기업 이미지에 큰 타격을 받았다. 공정한 경쟁이란 정부가 제시한 규범과 규칙을 단순히 준수한다는 차원이 아니라 투명과 신뢰의 경영으로 기업의 수익과 연결되는 핵심 역량이다. 따라서 기업의 생존과 지속적인 발전을 위해서는 공정한 경쟁을 위한 기업들의 적극적인 노력이 필수이다.

기업들이 공정한 경쟁을 위해 해야 할 노력은 이를 가능케 하는 시스템을 구축하는 것이다. 이는 기업 활동의 부정행위와 부패를 감시하고 모니터링할 수 있는 프로세스를 만들어 전사적인 윤리 경영 문화를 정착시키는 것이다. 많은 기업이 부정부패 금지를 위한 다양한 활동을 하고 있지만, 체계적인 시스템의 구축 없이는 지속적인 윤리 경영을 통한 공정한 경쟁은 불가능하다. 따라서 기업 자체적인 공정 경영 프로그램을 구축하되 모든 의사 결정의 기준과 행동 원칙을 이에 준거할 수 있도록 구체적으로 구성해야 한다.

삼성, 포스코, SK 등 이미 많은 대기업들은 윤리헌장Code of Conduct을 제정하고 공정한 경쟁을 선포했다. 하지만 글로벌 컨설팅

사 언스트앤영<sup>Ernst & Young</sup>이 발표한 '2013년 아시아, 태평양 부정부패 보고서'에 따르면 한국 응답자의 72%는 뇌물수수 및 부정부패 사례를 알게 되더라도 제보하지 않겠다고 답했다. 이는 아시아 평균은 물론 일본, 중국보다도 월등히 높은 수준이다. 이는 부정 관련 제보의 비밀 유지에 대한 확신이 없을뿐더러, 내부고발자 보호를 위한 장치가 없음을 말해주고 있다.

우리가 어떻게 공정한 경쟁을 위한 시스템을 구축할 수 있을지 GE의 사례를 통해 생각해 보자. GE는 대내외적으로 공정한 경쟁을 위한 윤리적 가치의 실현으로 130년간의 세월을 버텨내며 존경받는 기업이 됐다. GE가 진행해온 다양한 노력을 살펴본다면 공정한 비즈니스를 위해 기업이 무엇을 점검해야 하는지 생각해보는 계기가 될 것이다.

GE는 내부고발자 건수가 가장 높은 기업 중 하나이다. GE는 내부고발이 자유로운 환경을 구축하고 이를 통해 지속 성장이 가능한 윤리 경영의 철학을 정립했다. GE의 대표적인 시스템은 옴부즈인<sup>Ombuds Person</sup> 제도이다. 옴부즈인 직원들은 윤리적 행동에 대해 익명으로 제보하도록 도와주는 사람이다. 옴부즈인을 통해 내부고발이 들어오면 해당 옴부즈인은 자신을 통해 고발된 사안에 대해 즉각적인 조치와 진행 상황에 대한 피드백을 직원들에게 해줄 의무를 지게 했다. 이는 제보된 사안에 대한 철저한 조사를 진행하게 하고 투명한 결과 공개를 통해 윤리 경영 문화를 정착시키는 데 큰 도움을 주었다.

또한 옴부즈인 육성을 위한 체계적인 교육을 진행했다. 온라인, 오프라인 교육을 통해 한 해에만 200명이 넘는 옴부즈인을 양성했다. 이는 옴부즈제도 활성화로 이어졌고, GE는 윤리적인 가치를 경영 전략으로 녹여내 단기적 수익으로 유혹하는 수많은 이슈에 대해 흔들리지 않고 올바른 결정을 할 수 있었다.

이뿐만이 아니다. GE는 경영 결정권을 가지고 있는 리더들에 대한 철저한 교육을 통해 윤리 경영을 강조했다. 준법 리더십 교육을 활성화 하고, '리더를 위한 윤리 문제 취급 지침서'를 제공해 경영 판단의 잣대로 삼게 했다. CLT<sup>Compliance Leadership Training</sup>를 통해 비즈니스 환경에 따라 달라지는 다양한 이슈 등에 대해 어떻게 윤리적으로 접근하고 제대로 된 의사 결정을 할 수 있을 것인지 교육시켰다.

GE는 더 나아가 이를 인사 시스템으로 연동시켰다. 실적이 아무리 좋고, 역량이 뛰어나도 윤리 규정을 따르지 못하면 해고시켰다. 실적이 아무리 뛰어나더라도 가치관에 문제가 생기면 조직 전체가 위험에 처할 수 있다는 경영진의 판단에서였다.

GE의 50달러 영수증 사건은 유명한 사례로 남아 있다. GE의 HR 매니저가 직원과 식사하고 50달러를 청구했는데, 식사한 직원을 허위로 기재해 해고된 사건이었다. 허위로 기재된 직원은 당시 출장 중으로 드러났다. 불과 50달러밖에 되지 않은 식사비로 해고까지 당한 이 사건은 '윤리 경영에 타협은 없다'는 인식을 각인시켜 전사적인 윤리 경영 문화 확산에 큰 영향을 미쳤다.

드래곤볼 최후의 적인 마인 부우와 손오공의 대결에서 손오공은 마지막 필살기인 원기옥을 날리기 전에 부우에게 이런 말을 한다.

"넌 대단한 놈이다. 그동안 혼자서 수고가 많았다……. 다음엔 착하게 환생해라. 그럼 일대일로 승부하자. 기다릴 테니까……."

부우는 이미 베지터, 손오반, 오천크스 등 수많은 상대를 혼자 상대해 왔고 이제 오공과 최후의 승부를 겨뤘다. 이는 페어플레이라는 작품의 철학과는 거리가 있다고 생각했기에 토리야마 아키라는 이런 손오공의 대사를 통해 '공정성'을 언급하고 싶었는지 모른다.

공정한 경쟁을 위해 조직 내 시스템을 구축하고 문화를 확립하는 일은 단지 사회적 책임을 준수하는 것만이 아니다. 모든 기업이 지속가능한 성장을 구가하기 위해 받아들여야 할 필요조건인 것이다. '공정한 경쟁', 이는 드래곤볼이 말하고 싶은 교훈이자 기업에 전달하는 토리야마의 메시지인 것이다.

## 2
# 인조인간의 존재 이유와 기업의 존재 목적

드래곤볼 프리저 편 이후 등장하는 적은 인조인간이다. 이들은 레드리본군의 게로 박사에 의해 만들어진 인공 생명체로 제작 당시 세계 정복을 목적으로 제작되었다. 그러나 손오공에 의해 레드리본군이 괴멸당한 이후로는 오공을 없애는 것으로 목적이 바뀌었다.

게로 박사는 인조인간 프로젝트를 진행하면서 개발 단계의 순서에 따른 순번으로 인조인간의 이름을 붙였다. 프로토타이프 Prototype에 20호까지 순번이 붙여진 것으로 추론해 보면 게로 박사는 인조인간 제작에 큰 어려움을 겪었던 것으로 보인다. 자신을 직접 인조인간으로 개조한 20호를 제외하면 그의 성공작은 19호만으로 기록하고 있다. 실제로 드래곤볼 단행본 31권에 수록된 인조인간 개발 현황에 대한 특별 페이지에 따르면 대표적인 실패작에 대한 실패 사유를 기록하고 있는데, 8호는 성격이 부드럽고 손오공과 친해져서 실패했고, 17호와 18호는 파워에만 집중한 개발로 명령을 듣지 않아 실패했다는 다양한 실패 기록이 나온다.

인조인간 중 가장 매력적이며 스토리를 이끌어 가는 캐릭터는 17호와 18호이다. 인조인간 8호는 프랑켄슈타인의 크리처를 닮은 외형으로 등장했고, 16호는 터미네이터의 T-800을 닮았다. 19호는 뚱뚱한 비만 체형, 20호는 노인의 모습을 하고 있다.

하지만 17호와 18호는 상당히 미형의 캐릭터로 그려진다. 특히 이들은 패션에도 신경을 쓰는 모습을 보인다. 예를 들면 17호는 상점에 들러 마음이 드는 옷이 없다고 투정을 하기도 하고, 18호가 레이어된 티셔츠에 스카프를 두른 모습은 연재 종료 15년 후 등장한 빅뱅의 지드래곤이 쉬마그 스카프를 두르고 나온 스타일과 흡사해 보일 정도로 세련되었다. 사실 토리야마는 19호와 20호의 이야기를 메인 스토리로 잡고 20호를 인조인간 편의 최종 보스로 전개할 예정이었다. 하지만 '뚱뚱보와 늙은이는 인기가 없다'는 이유로 편집자 토리시마에게 거절당하자 독자들의 기호에 맞는 미소년, 미소녀의 캐릭터로 변경한 것이다.

인조인간 17호와 18호는 자신들을 가동시켜 눈을 뜨게 한 게로 박사(인조인간 20호)를 무참히 살해한다. 게로 박사의 컨트롤에서 벗어나 완전한 자유를 얻기 위함이다. 한 가지 유념해야 할 점은 이들이 완벽한 자유 의지를 얻게 되었음에도 불구하고 본래 태생의 목적인 손오공을 죽이기 위해 찾아간다는 점이다.

"천천히 놀면서 가자. 서둘러 봤자 의미 없으니까, 자동차로 가자."

이들은 일부러 목적 달성을 늦추는 모습을 보인다. 손오공을 죽이면 자신들의 목표가 사라지고, 목표가 사라지면 자신들의 존재 이유가 없어지기 때문이다.

모든 조직은 추구하는 목표가 있을 때 존재의 의미가 있다. 아무런 이유나 목적이 없는 행위는 생각할 수 없기 때문이다. 비즈니스에 있어 조직의 존재 이유에 대해 생각해 보는 것은 중요하다. 모든 경영학에서는 기업의 존재 목적에 대해 "기업의 존재 목적은 이윤을 극대화하는 것이다"Companies exist to make profits라고 가르쳐 왔다. 그런데 최근 들어 다양한 목적과 기능을 가진 신념 있는 기업들이 속속 나타났다. 단순히 이윤을 목적으로 하던 조직들이 경쟁에서 뒤처지면서, 새로운 목적을 말하는 조직이 시장에 군림하는 새로운 패러다임의 시대로 들어선 것이다.

피터 드러커는 일찍이 그의 저서 《매니지먼트》Management에서 '기업이란 무엇인가'에 대한 질문에 "경제학자를 비롯한 대부분의 사람들이 '영리 조직'이라고 대답하지만, 이는 틀린 것이며 첫 방향부터 빗나간 것이다"라고 말한다. 또한 '목적으로서의 이익'이란 예전부터 존재하던 '싸게 사서 비싸게 판다'라는 말을 고친 것에 지

손오공을 찾아가는 인조인간들

나지 않는다며 이윤을 추구하는 것이 기업의 존재 이유가 될 수 없음을 피력했다. 기업은 이런 목적의 한계를 극복하기 위해 '주주 가치 극대화'라는 표현을 사용하지만, 사실 대부분의 경우 주주와 소유주가 동일하기 때문에 결국 그 목적은 다를 바 없다.

'이윤을 만드는 것이 조직의 목적이라고 하면 이윤을 만들고 나면 더 이상 기업의 존재 가치는 없는 것인가?'라는 질문에 반문해 보면 기업의 존재에 이윤 이상의 무엇이 있다는 것을 알 수 있다. 기업의 이윤이란 결국 돈을 벌어 직원들의 생계를 책임지고, 주주와 소유주의 배를 불리는 하나의 수단에 불과하기 때문에 그 행위 자체가 목적이 될 수 없다. 따라서 우리는 이윤 추구를 넘어서 공동체로서의 조직의 목적에 대해 생각해 볼 필요가 있다. 다시 말해서 우리는 어떤 가치를 소비자에게 제공해주고 돈을 벌 것인가? 그리고 번 돈을 어떻게 가치 있게 쓸 것인가를 고민해야 하는 것이다. 결국 기업 경영의 목적은 공공을 위한 가치 창출이어야 한다.

예를 들어 5명의 직원을 거느린 치킨집을 운영한다고 생각해 보자. '동네 최고 매출 달성'을 목적으로 잡았다. 그리고 열심히 해서 그 목적을 달성했다고 하면 더 이상의 존재 이유는 사라지는 것이다. 치킨집의 목적을 '가족에게 행복함을 선사하는 것'으로 잡는다면 어떨까? 가족들이 함께 치킨을 먹으며 즐거운 시간을 보낼 수 있다는 유익한 공공의 가치를 제공함으로써 그 기업의 존재는 영속할 수 있을 것이다.

LG 인화원의 이병남 원장은 최근 그의 저서 《경영은 사람이다》에서 기업의 존재 목적은 이윤 추구가 아니라 모든 이해관계자에게 유익함을 제공하는 것에 있다고 말한 바 있다. 또한 "기업이 생태계에 있는 생명체라면 공유 가치를 실천하는 기업이 오래 살고 번성한다. 장수기업은 분명한 철학을 스스로의 존재 목적으로 삼고 있다"고 말하며 승자 독식이 아니라 공존, 공생의 가치가 기업의 목적에서 중요함을 강조했다.

피터 드러커는 "경영자는 경제인 이상의 존재다. 경제인의 역할은 경제적 성과를 달성하면 자기의 역할을 다했다고 생각한다. 하지만 경영인이라면 사회의 리더로서 자신의 일에 책임을 져야 한다"는 점을 강조했다. 개인이 법인을 세우고 조직을 만들면 그 순간부터 조직의 목적은 단순한 이윤에서 벗어나 공동의 유익을 위해 가치를 나누어야 한다는 책임을 가지게 되는 것이다. 과거처럼 과시욕과 편안함이라는 본능을 자극해서 물건을 팔던 시대는 지났다. 이제 기업은 공동체를 위한, 함께 살아가는 데 의미있는 역할을 한다는 것이 중요하다.

"닥터 게로가 시킨 대로 하는 것도 뭐하지만, 우리 인조인간도 우선 목표가 있어야 하거든."

인조인간 17호, 18호는 그들의 목적을 손오공을 없애는 것이라고 정하고 이를 위해 움직인다. 하지만 곧 이들에게 진정한 존재 의미가 부여되는 사건이 일어난다. 바로 셀의 등장이다. 사실 이들의 존재 목적은 따로 있었다. 이들은 셀이 완전체를 이루기 위한 하나의 부속품으로 사용될 때 의미가 있는 존재였던 것이다. 결국 이들의 존재는 손오공을 처리한다는 성취 목적이 아니라, 셀에게 융합되는 가치 제공에 목적이 있었다. 기업도 마찬가지다. 영속하는 조직을 위해서는 이윤이라는 성취가 아니라 공공에게 유익한 가치를 제공할 때 비로소 존재의 목적이 있는 것이다.

# 3
# 드래곤볼
# 소원의 원리

　지금은 대부분의 사람들이 드래곤볼을 단순한 배틀 만화물로 기억할지 모르겠지만, 토리야마 아키라가 처음 드래곤볼을 기획했을 당시에는 서유기를 모티브로 한 모험 이야기였다. 스토리의 콘셉트도 처음에는 단순히 소원을 이루어주는 드래곤볼이라는 7개의 구슬을 찾아 떠나는 이야기였다. 드래곤볼로 소원을 성취하려는 악당들이 나오고 한편으로는 이를 저지하려는 손오공과 그의 친구들의 대립 속에 적당한 코미디와 액션을 가미한 전형적인 소년 모험물이었다.

　이런 기획의 취지에 따라서 모든 갈등과 대립은 드래곤볼로 자신의 사리사욕을 채우려는 악당들과의 혈투로 시작됐다. 이들의 목적은 공통적으로 드래곤볼을 통한 세계정복이었다. 코믹스에 최초로 등장하는 조직적 악당 집단인 파라후 일당은 드래곤볼을 다 모아서 세계의 왕이 되는 것을 목표로 하고 있었다. 군 조직형 악당 단체 레드리본군은 세계정복을 위해, 피콜로 대마왕은 세계 정복을 위한 젊음을 위해, 우주 정복자 프리저는 영원한 생명을 위해 드래곤볼을 찾고 있었다.

이렇게 수많은 적이 드래곤볼을 자신의 욕망을 채우기 위한 수단으로 얻으려 노력했지만, 드래곤볼로 이 목적을 달성한 이는 그리 많지 않다. 코믹스의 모든 에피소드를 통틀어 드래곤볼을 통한 소원 성취가 총 10번 이루어지는데, 그중 단 20%만이 개인의 욕망을 채우기 위해 사용되었다. 첫 번째는 오룡이 말한 소원으로 여자 팬티를 갖게 되었고, 두 번째로 피콜로 대마왕이 자신의 젊음을 되돌리는 데 사용되었다. 그리고 나머지 소원들의 대부분은 프리저에게 죽은 나메크인들의 부활이나, 베지터에 의해 죽은 사람들의 부활 등 대의를 위해 사용된다. 다시 말해서 개인의 욕망을 채우기 위해 드래곤볼을 모으려고 했지만, 결국은 모두를 위한 공공의 목적으로 사용되었다는 것이다.

기업의 비즈니스 활동도 종국에는 드래곤볼의 소원과 비슷한 형태로 흘러간다. 처음에는 개인의 욕망으로 대변되는 조직의 이윤을 추구하기 위한 비즈니스 활동에 집중하다가도 어느 순간에는 대의라는 사회적 가치를 제공하는 조직으로 남기 때문이다.

최태원 SK 회장은 기업의 환경 변화에 관해 설명하면서 "기업의 존재가 사회적 가치를 얼마나 창출하느냐로 바뀌고 있다. 사회적 가치를 포함한 가치가 기업 생존의 필수 요건이 됐다"라고 말한 바 있다. 과거의 기업은 순수하게 이익만 추구하며 성장했지만, 이제는 사회적 가치가 새로운 성장 동력이라는 것이다. 사회적 가치가 선택 사항이 아닌 생존 전략으로 대두되면서 최근에는 사회적 가치를 제공하는 착한 기업이 주목을 받으며 주가를 올리고 있다.

미국의 신발 쇼핑몰 탐스<sup>Toms</sup>는 소비자가 신발 한 켤레를 구매하면 아프리카 빈민국 아이들에게 신발 한 켤레를 전달하는 'One for One' 모델을 핵심 경영 전략으로 삼고 창업 3년 만에 460만 달러의 매출을 올렸다. 최근에는 One for One 전략을 신발에서 안경, 커피 산업으로 확대해 안경 판매를 통해 시각 장애인들을 지원하고 커피를 팔아 깨끗한 물을 제공하고 있다.

제너럴일렉트릭<sup>GE</sup>의 제프리 이멜트<sup>Jeffery Immelt</sup> 회장은 'Green is Gold'(환경이 돈이다)라는 슬로건 아래 환경 문제를 해결할 수 있는 친환경 경영을 선언했다. 대부분의 임원진은 당장 수익성이 없는 친환경 경영에 회의적이었다. 하지만 제프는 친환경 기술개발 연구비를 2배로 늘리고, 친환경 제품 매출 목표액을 두 배로 확대했으며, 에너지 효율을 개선하는 작업을 진행했다. 사내 분위기는 개의치 않고 '환경'이라는 사회적 가치에 집중했다. 결과적으로 7년 만에 친환경사업으로 달성한 매출액은 목표치의 2배를 넘겼다.

기업들이 사회적 가치를 실현하려는 노력에는 소비자들의 의

지구를 위해 소원을 빌고 있는 덴데

식 개선도 한몫했다. 윤리적이고, 친환경적인 제품에 대한 인식이
높아지면서 착한 소비가 소비문화로 자리 잡았기 때문이다. 시장
조사 기업인 엠브레인 트렌드모니터가 시행한 조사에 따르면 70%
에 달하는 소비자가 '윤리적 경영을 실천하려는 기업의 제품을 조
금 비싸더라도 구매할 의향이 있다'고 답변했다. 누군가에게 도움
이 되는 소비를 하고 싶다는 것이다. 이제 기업들은 제품과 서비스
를 통해 어떤 가치를 사회에 제공할 수 있는가를 고민해 봐야 한
다는 것이다. 그렇다면 사회적 가치를 제공하기 위해 기업에서는
어떤 노력이 필요할까?

첫째, 사회가 정말 필요로 하는 사회적 니즈를 기업의 가치로 잡는 것이다.

사회적 가치 창출은 단순히 비즈니스를 통해 착한 일을 지원하는 것이 아니다. 다양한 사회 현상과 시스템에 대한 문제를 관찰하고 발견하는 작업이 필요하다. 사회가 필요로 하는 사회적 가치를 제공하는 것에 대한 충분한 고민이 없다면 아무리 착한 일을 한다고 할지라도 이것은 단순히 보여 주기식 봉사 활동으로 그치고 만다. 개인이 사회적 가치를 창출하기 위해, 내가 사회에 어떤 도움을 줄 수 있을까?, 나의 어떤 장점으로 도움을 줄 수 있을까? 고민해야 하듯이 기업도 조직의 어떤 강점과 어떤 사업을 통해 사회적 가치를 창출할 수 있을지에 대한 고민이 필요하다.

둘째, 사회적 가치를 핵심 비즈니스에 접목시키는 것이다.

즉 현재의 사업모델을 사회적 가치를 창출하는 방식으로 재구성하는 작업이 필요한 것이다. 중요한 것은 조직의 본업을 사회적 가치로 연결해야 한다는 것이다. 한국토지주택공사[LH]를 예로 들어보자. 이들의 사회적 가치는 불우한 이웃돕기라든가 환경 보호처럼 본업과 동떨어진 것이 아니었다. 한국토지주택공사는 아파트 입주민들에게 생활 서비스 제공 프로그램을 만들고, 주거 환경 개선을 위해 재난 예방, 지역 개발 사업을 통해 낙후지역의 균형 발전을 위한 재건축 추진 등 '안전하고 편안한 주거 환경'이라는 가치를 비즈니스로 풀어냈다.

사회적 가치를 제공하는 기업이 경쟁력을 갖는 시대가 됐다. 하지만 아직도 기업들의 부족한 인식으로 형틀로 찍어내는 식의 사회적 활동을 진행하고 있는 것이 현실이다. 탐스가 놀라운 매출 실적을 기록하자 스케처스<sup>SKECHERS</sup>는 비슷한 디자인을 한 밥스<sup>bobs</sup>라는 모델을 출시하고, 하나 사면 두 개를 기부한다는 'One for Two' 마케팅을 펼쳤다. 하지만 이런 흉내 내기 방식으로는 사회적 가치를 조직에 뿌리내리고 체질화시키기 힘들다. 누구를 위한 사회적 가치 제공인지 주객이 전도되는 상황이 벌어져서는 안 된다. 드래곤볼이 모두를 회생시키는 곳에 사용될 때 의미가 있었듯이 사회문제에 대한 진심 어린 인식을 통한 경영 철학 개선과 기업 가치의 재정립, 본연의 기업 활동을 통한 기여를 통해 사회적 가치를 창출해 나가려는 노력이 필요하다.

# 4
# 조직의 '스카우터'를 버려라

드래곤볼을 보면 아주 재미있는 기계장치가 나온다. '스카우터' 라고 불리는 이 장치는 왼쪽 눈에 착용하도록 고안된 웨어러블 군사 기기이다. 용도는 첫째, 주변의 생명체를 빠르게 스캔해 상대방의 전투력을 측정하는 것이고, 둘째, 적의 위치를 파악하는 레이더, 그리고 행성 간 장거리 통신장비 등이다.

드래곤볼에서 스카우터의 등장은 큰 의미를 가진다. 이는 소년 어드벤처 장르에서 본격적인 액션 만화로의 전환을 알려주는 상징적인 장치였다. 스카우터의 등장 이전까지는 전투력이라는 개념이 없었을 뿐 아니라, 상대방과 붙어 보기 전까지는 상대방이 얼마나 강한지 알 수 없었다. 상대방에게 몇 대를 맞아 봐야 "저 녀석, 장난 아닌데"라며 상대를 파악할 수 있었다.

그런데 스카우터가 등장하면서부터 모든 캐릭터들의 강인함은 전투력이라는 수치로 정량화되어 나타난다. 손오공은 334, 베지터가 16,000, 프리저는 530,000 하는 식이다. 물론 숫자가 높게 나올수록 강함을 나타낸다.

스카우터로 측정된 전투력은 마치 디지털 온도계처럼 빠르고 정확하게 디지털 숫자로 표시되어 스카우터를 차고 있는 사이어인 및 프리저 군단에게 상대방에 대한 정확한 정보를 제공하는 한편, 상대에 따라 전투에서 힘의 안배를 통해 효율적인 전투를 가능케 했다. 또한 스카우터는 행성 간 초장거리 통신 기능을 통해 손오공의 형 라데츠와의 전투를 베지터와 내퍼에게 생중계하는 장치로 이용되기도 했다.

이런 첨단 기기인 스카우터에도 단점이 있었다. 상대방의 전투력이 급상승할 경우 연산능력 초과로 오버 히트되어 폭발하는 결함이었다. 실제로 부르마가 라데츠의 스카우터를 회수해 지구 언어로 출력하게 회로를 수정하고 손오공의 전투력을 측정하자 21,000까지 측정하고는 터져 버렸다. 하지만 더 큰 문제는 사이어인이나 프리저 군단과는 다르게 자신의 기를 가변적으로 조절할 수 있는 Z전사들(손오공을 중심으로 한 아군 측 전사)에게는 정확한 전투력 측정이 불가능하다는 것이었다.

사이어인이나 프리저 군단은 Z전사의 등장 이전까지 기氣의 컨트롤을 통해 전투력을 증감시킨다는 개념 자체가 없었으므로 Z전

노…,
놈의 전투력은
틀림없이
5000인데….

어…
어떻게
된 거야…!

스카우트를 맹신하는 지스

사들이 기를 끌어올려 전투력을 올리거나 기를 줄여서 전투력을 낮추는 것을 보면 스카우터의 고장을 의심할 수밖에 없었다. 따라서 전투력이 1이었던 손오반이 분노로 인해 1,307까지 변하는 것을 본 라데츠는 당황할 수밖에 없었다.

여기서 우리는 중요한 교훈을 얻을 수 있다. 가변적인 비즈니스 상황에서는 자신이 믿고 있는 성공 방식이 진리가 아니라는 것, 그리고 이런 환경을 극복하기 위해 끊임없이 혁신해야 한다는 것이다.

시대가 변하고, 고객이 변하고, 기술이 변하고, 경쟁자가 변하는데 기존과 동일한 비즈니스 전략으로 대처한다면 모든 것을 잃을 수 있다. 스카우터를 전적으로 의지하는 프리저 군단은 환경에 따라 가변적으로 전투력을 조정하며 공격하는 Z전사들의 방식을 따라잡을 수가 없었다. 새로운 환경에서는 새로운 전략과 혁신이 필요했다.

피터 드러커는 그의 저서《변화 리더의 조건》에서 기존의 조직이 쇠퇴하는 가장 큰 이유는 혁신하지 않기 때문이라고 말한다. 드러커는 역사적으로 여타의 사회조직들이 모두 변화보다는 현상을 지속하는 것을 과제로 삼아 왔지만, 기업은 변화를 창출하도록 설계되어 있다는 점에서 다르다고 말한다. 즉 기업은 혁신을 추구하지 않으면 도태될 수밖에 없다는 것이다.

기뉴특전대(악당 프리저의 친위부대)와 손오공의 전투를 살펴보자. 과거의 승리 방식만 고집하며 오직 스카우터의 정보에만 의존하는 기뉴특전대는 자신의 기를 전투 상황에 따라 조절하는 손오공을 절대 이길 수 없었다.

"이봐, 이놈 전투력이 얼마지?"

"겨우 5,000 정도야."

이런 대화가 오가는 사이에 다섯 명 중 한 명은 손오공에게 순식간에 당하고 만다.

"분명히 우연이야. 이놈의 전투 수치는 거의 변함이 없어."

눈앞에서 자신의 동료가 당하는 걸 지켜보면서도 스카우터에 측정된 전투력에만 절대적으로 의존했기에 객관적 전투가 불가능했다. 손오공에게 얻어터지는 와중에도 "어떻게 된 거야? 놈의 전투력은 틀림없이 5,000인데……"라고 말하며 스카우터에 대한 믿음을 잃지 않았다. 그렇게 해서 기뉴특전대는 손오공에게 처참한 패배를 당하고 만다.

기뉴특전대는 새로운 경쟁자에게 새로운 전략으로 맞서지 못했다. 과거의 성공 방식을 고집하고 오만함을 버리지 못한 대가는 프리저의 직속 특전대 전멸이라는 끔찍한 결과를 가져왔다.

미국의 경영학자 톰 피터스는 그의 저서 《초우량 기업의 조건》에서 완벽한 초우량 기업의 사례로 60여 개의 기업을 언급했다. 하지만 불행하게도 그중 절반은 책 출간 이후 불과 10년 만에 몰락해 버렸다. 미국의 경영컨설턴트 짐 콜린스의 베스트셀러 《좋은 기업을 넘어 위대한 기업으로》Good to Great에 등장한 다수의 위대한 기업도 이내 자취를 감췄다. 포춘 선정 500대 기업에 언급된 기업 리스트의 3분의 1 또한 5년 이내에 교체되었다. 이유는 간단하다. 기업의 생존과 성과에 영향을 미치는 환경이 끊임없이 변하기 때문이다. 따라서 과거의 환경에 최적화된 기업의 전략을 고집할 경우 기업은 쇠락의 길을 걸을 수밖에 없다. 기업 전략의 유통기한이 짧아지고 있는 이상 단순히 제품을 만들고 서비스를 제공하는 수준으로는 시장 우위를 차지할 수 없다. 변화의 신호를 빨리 감지해서 이에 적합한 전략으로 대응하고, 경우에 따라서는 사업모델을 재구성하는 혁신의 시도가 계속되어야 한다.

　미국 버클리대학University of California, Berkeley의 데이비드 티스David J. Teece 교수는 '동적 역량'Dynamic Capability이라는 새로운 개념을 소개한 바 있다. 동적 역량이란 변화를 감지하고, 기업이 가진 자원을 변화에 따라 재구성하는 능력을 말한다. 동적 역량은 핵심 역량과는 다르다. 한때 성공의 원천이었던 핵심 역량은 시대가 흐르고 환경이 변함에 따라 실패의 원인이 되기도 한다. 반면 동적 역량은 환경변화에 따라 자신을 변화시키고 재구성하는 능력이기에 지속적 성장을 가져온다. 레코드사들이 몰락하고 디지털 음원이 등장하는 환경을 감지하고 아이튠즈를 만들어 MP3 시장을 장악한 애플, 스마트폰 등 시장에 표준 기술이나 제품이 등장할 때 기회를 포착해 재빨리 대응 제품을 내놓는 삼성의 발 빠른 기회 포착 능력이 그것이다.

　IBM은 동적 역량 부족으로 쇠퇴했다가, 동적 역량을 강화해 다시 부활한 대표적인 기업이라 할 수 있다. IBM은 70, 80년대 그 누구도 대체할 수 없었던 신기술이 집약된 컴퓨터를 시장에 내놓아 모든 것을 장악하며 컴퓨터 제국을 건설했다. 하지만 거대해진 몸집 덕분에 공룡처럼 굼떴고 판단은 느렸다. 시장의 우위에 있다 보니 변화하는 환경을 감지하는 능력 또한 부족했다. IBM은 여전히 대형 컴퓨터 업계의 선두주자였지만 대형 컴퓨터의 가격과 이윤은 하루가 다르게 감소하고 컴퓨터 산업은 마이크로소프트나 인텔 같은 '작은 회사'의 천하가 되어갔다. 결국 IBM은 1990년대 초

47억 달러의 적자를 기록하고 서서히 침몰해갔다. 대형 컴퓨터에 주력하느라 개인 컴퓨터 시장에서 발전 기회를 놓친 것, 컴퓨터 칩과 소프트웨어 분야의 주도권을 인텔과 마이크로소프트사에 빼앗긴 것이 원인이었다.

다행히 IBM은 이를 만회할 만한 탁월한 CEO를 영입하는 데 성공한다. 1993년 취임한 루이스 거스너Louis Gerstner는 구조조정과 더불어 다양한 부문을 통합해 간소화했다. 루이스의 가장 큰 업적은 치열해진 PC 시장에서 컴퓨터 시장의 환경을 분석하고 새로운 기회를 포착한 것이다. 이미 PC의 보급이 대중화된 기존 시장에서 고객들은 PC를 통한 다양한 솔루션의 구축과 서비스를 필요로 했다. IBM은 이런 환경의 변화와 고객의 니즈를 포착해 하드웨어에 집중했던 기존의 산업을 대폭 감축시키는 반면, 전략수립 컨설팅, 업무 프로세스 개선, IT 솔루션 개발 및 구축을 한꺼번에 제공하는 토털 서비스 제공업으로 전환했다. 이를 통해 IBM은 50억 달러 매출 적자에서 단 4년 만에 80억 달러 흑자로 반전할 수 있었다. 동적 역량의 강화를 통해 회생의 기회를 얻은 것이다.

그렇다면 어떻게 해야 동적 역량을 기를 수 있을까? 민첩한 구조로 조직 변경, 빠른 실행을 위한 성과제도 변경 등 다양한 요소들이 있지만 그중 가장 중요한 것은 수용적인 조직문화 구축이다. 수용 능력은 환경의 변화에서 오는 새로운 도전에 적절하게 대응하게 하며, 빠른 변화를 새로운 기회로 받아들이게 한다. 내부적으로는 직원들의 의견에 귀를 기울이고 실패에 대한 책임을 묻는 대신 성장의 기회로 삼게 한다. 수용하는 기업은 새로운 고객 니즈를 파악하는 것에 적극적이며, 열린 자세로 새로운 전략을 검토한다.

제너럴일렉트릭은 사내 수용성을 향상시킬 수 있는 조직 문화로 LIG 프로그램Leadership Innovation Growth이라는 것을 시행하고 있다. 사업부 전체 임원이 4~5일간 연수원에 모여 신사업 개발과 성장 방향을 토론하는 것이다. 이들은 성장과 변화를 주제로 선행과제를 준비하고 워크숍 기간 동안 이 주제에 대해 심층 토론과 결과물을 내고 이를 조직적으로 실행에 옮긴다. 미국 최고의 화학기업인 듀폰Dupont은 '실패해도 더 싸게 실패할 수 있게 길을 여는 것이 중요하다'는 기조 아래 변화에 따른 혁신 과정에서 발생할 수 있는 실패를 용인하고 새로운 시도를 할 수 있게 장려하는 조직문화를 구축했다. 이를 통해 시대가 요구하는 메가 트렌드를 감지하고, 이에 맞게 사업부를 개편하거나 신제품의 개발 방향을 결정하면서 포춘지에 지속적으로 성장하는 대표 기업에 이름을 올릴 수 있었다. 수용적 조직문화가 결국 동적 역량의 향상을 가져온다는 것이다.

나메크성에 도착한 베지터는 착용하고 있던 스카우터를 스스로 밟아 부숴 버린다.

"이게 무슨 짓이냐? 베지터, 너 완전히 돌았냐? 왜 그걸 부수고 그래?"

"난 지구에서 스카우터 따위 없어도 상대의 파워나 기를 통해 그들이 있는 곳을 찾아낼 수 있다는 것을 알았지. 네놈처럼 파워에만 정신이 팔린 놈들은 무리겠지만……."

드래곤볼에서 초우량 기업으로 대변되는 프리저 군단은 과거의 승리 경험에서 겪은 근시안적 학습과 성공의 덫에 걸려 더 이상 성장할 수 없었다. 하지만 베지터는 자신의 경험을 통해 변화된 환경을 감지하고 스스로 혁신하려는 동적 역량의 육성을 통해 더욱 성숙해졌으며 회를 거듭할수록 끊임없이 성장하는 캐릭터로 그려진다. 이제 조직을 정체시키는 조직의 스카우터를 스스로 버리는 용기를 통해, 그리고 단순한 기술 향상이 아닌 끊임없이 변화하는 환경에 대응하는 동적 역량의 강화를 통해 조직의 생존 전략을 다시 펼쳐야 할 것이다.

# 5
# 크리링이
# 히든 챔피언이 되려면

"크리링을 좋아해요. 크리링은 별거 아닌 거 같은데 되게 세잖아요."

2015년 가수 아이유가 일본의 한 방송에서 한 인터뷰 내용이다. 그렇다. 크리링은 Z전사들 중 손오공, 베지터 등 우주인을 제외하면 지구인으로서는 가장 강한 캐릭터이다. 코믹스 37권에 보면 야무치는 이런 말을 한다.

"네 아빠(크리링)는 세상에게 가장 강한 사람이야. 지구인들 중에서 가장 강하다는 말이지……."

'크리링이 가장 강한 지구인이다'라는 것은 이미 설정집 '드래곤볼 천하제일전설'天下第一伝説에서 토리야마 아키라가 밝힌 바 있다.

한때 독자들 사이에 '지구인 최강은 크리링인가, 천진반인가' 하는 논쟁이 계속되었는데, 소년점프 애독자 코너에 '천진반은 우주인이다'(추후 설정집에서 천진반은 우주 민족 '삼안인'으로 분류됨)라는 답변이 달림으로써 크리링이 가장 강하다는 것을 공식화했다.

지금은 지구 최강이라 불리지만 한때 크리링은 손오공이라는 캐릭터를 부각시키기 위해 만들어진 일회성 조연 캐릭터에 불과했다. 드래곤볼 연재 초기 담당 편집자 토리시마 카즈히코는 주인공인 손오공이라는 캐릭터가 스토리를 혼자서 이끌어 가기에는 너무 단조롭다고 생각했다. 따라서 손오공과 대조되는 성격의 캐릭터를 내세움으로써 주인공 캐릭터의 특색을 좀 더 부각시킬 필요가 있었다. 순박하고 순수한 손오공과는 다르게 얍삽하고 잔머리 쓰기를 좋아하는 크리링이란 캐릭터는 이런 배경에서 만들어졌다. 토리야마 아키라 역시 인터뷰에서 크리링은 단순한 조연으로 끝낼 생각이었다고 언급해 현재의 크리링의 설정과는 많이 달랐음을 알 수 있다.

크리링은 언제 사라질지 모르는 핸디캡을 안고 등장한 캐릭터이지만, 연재 초기 등장했던 오룡, 푸알, 런치 같은 조연급 캐릭터들이 작품에서 잊혀진 반면, 계속해서 살아남아 지구를 구하는 조력자로 활동하는 큰 성과를 낸다. 특히 성격이 변하는 런치 같은 입체적인 캐릭터가 단순히 작가가 까먹어서 등장하지 못했던 것에 비하면, 크리링의 생존은 굉장히 고무적이라 할 수 있다. 기업으로 치자면 히든 챔피언<sup>Hidden champion</sup>(뛰어난 기술력으로 시장 우위를 점하고 있는 잘 알려지지 않은 우량 기업)인 셈이다. 즉 존재감은 미미해도 자신만의 특화된 경쟁력을 바탕으로 강한 존재감을 증명해낸 작지만 강한 캐릭터였던것이다.

크리링처럼 존재감이 미약한 스타트업 기업이나 신규 비즈니스에는 성장보다 생존이 중요하다. 비즈니스는 누구나 시작할 수 있지만, 지속 가능한 경영으로 생존하는 것은 쉽지 않기 때문이다. 통계에 따르면 통상 스타트업 기업이 1년 뒤 살아남을 확률은 10% 정도라고 한다. 이는 약 150명 정도 되는 드래곤볼 캐릭터 중에 주연이나 조연급으로 활약하는 Z전사들이 15명 내외 정도인 것으로 미루어 봤을 때 드래곤볼 캐릭터의 생존률과도 비슷한 수치이다. 이런 상황에서 신규 비즈니스를 히든 챔피언으로 성장시키는 핵심 원동력은 무엇일까?

지금은 애플, 구글과 더불어 세계 시가총액 삼총사라 불리는 마이크로소프트<sup>Microsoft</sup> 역시 초창기의 사정은 좋지 않았다. 대학교 중퇴자가 뉴멕시코 앨버커키<sup>Albuquerque, New Mexico</sup>에서 창업한 작은 회사였고, 소프트웨어 개발에 매주 100시간이 넘는 시간을 투자해야 했다. 물론 급여나 복지가 좋은 것도 아니었다. 그런데 신기하게도 스탠퍼드, 버클리 등 최고의 스펙을 가진 인재들이 몰려들었다. 이유는 빌 게이츠가 제시한 비전 때문이었다. 빌 게이츠는 '모든 집 책상 위에 컴퓨터를'<sup>A computer on every desk in every home</sup>이라는 비전을 제시했고, 새로운 세상을 함께 만들어 간다는 비전에 공감한

그림!

천하제일무술대회에서 상대를 가볍게 제압하는 크리링

30명의 인재들이 자발적으로 합류하면서 현재 100개 나라에 8만 명의 직원을 거느린 글로벌 기업의 초석이 되었다.

100년 전에도 이와 비슷한 기업이 있었다. '모든 창고에 자동차를'A car in every garage이라는 비전을 갖고 비즈니스에 뛰어든 헨리 포드였다. 그는 소수의 전유물이던 자동차의 보급을 통해 모두가 편안하고 풍요로운 세상을 만들겠다는 확고한 비전이 있었다. 이 비전을 통해 포드는 역사적인 '모델T'T car를 개발해 냈다. 낮은 가격으로 고품질의 자동차를 만들어 국민차의 시대를 열었고, 자신의 근로자들도 자동차를 소유해야 한다는 신념에 따라 지속적인 임금

인상을 감행했다. 역사학자 더글러스 브링클리<sup>Douglas Brinkley</sup>는 훗날 그에 대해 이런 평가를 했다.

"포드를 위대하게 만든 것은 끝까지 관철하려고 했던 자신의 신념이다."

위의 사례에서 보이듯 신규 비즈니스의 생존에서 가장 중요한 것은 확고한 비전이다. 좋은 복리 후생이나 근무 조건이 아닌, 모두가 공감할 수 있는 명확한 비전을 제시할 수만 있다면 인재 확보를 통해 히든 챔피언으로 나아갈 수 있다. 확고한 비전은 비즈니스를 지속시키는 힘이 되고, 발전시키는 열쇠가 된다. 그렇다면 성공적인 비전의 조건은 무엇일까?

첫째, 간결함이다.

좋은 비전이란 모든 조직 구성원이 기억하고 말할 수 있을 정도로 간결해야 한다. 간결한 비전은 한 번을 들어도 직관적으로 이해가 되며 조직의 철학이 무엇인지 파악할 수 있는 것이다. 중요한 점은 간결한 표현과 모호한 표현을 구별해야 한다는 점이다. '21세기를 선도하는 기업', '최고의 글로벌 기업' 등의 모호한 표현이 아니라 마이크로소프트가 보여준 것처럼 '모든 집 책상 위에 컴퓨터를'(1975), 'PC에서 모든 것을'(1991), '개인과 비즈니스를 위한 장치와 서비스 창조'(2013)처럼 명확한 표현이어야 한다. 즉 겉만 번지르르하고 듣기 좋은 말이 아니라, 간결하되 명확한 메시지가 있어야 한다.

둘째, 조직 구성원들에게 의미가 있어야 한다.

훌륭한 비전은 단순히 말하기 쉬운 문장이 아니라, 그것이 살아 움직여 조직 구성원에게 영향력을 미치는 것이어야 한다. 따라서 '글로벌 10대 기업이 되는 것', '100억 원 수출 달성' 등의 개인에게 와 닿지 않는 뜬구름 잡는 비전은 조직 내에서 영향력을 발휘할 수 없다. 이런 비전은 벽에 걸린 채 조직과 함께 이내 사라지고 만다.

1961년 존 F. 케네디는 놀라운 비전을 발표한다. '10년 안에 사람을 달에 보내고 무사히 귀환시킨다.' 아폴로 프로젝트가 본격적으로 시작되고 1962년 케네디는 나사 스페이스센터<sup>NASA space center</sup>를 방문했다. 그가 건물 경비원에게 무슨 일을 하는지 묻자 경비원은 이렇게 대답한다.

"사람을 달에 보내는 일을 돕고 있습니다."<sup>Well, Mr. President, I'm helping put a man on the moon.</sup>

이것이 의미 있는 비전의 힘이다. 의미 있는 비전은 구성원들의 가슴을 뛰게 하고 물리적 보상으로 갚을 수 없는 헌신을 통해 조직을 위대하게 만든다.

손오공과 크리링은 무천도사 밑에서 동문수학한 동료였지만 비전이나 배움의 목적에 대한 인식에는 큰 차이를 보였다. 손오공이 무천도사에게 "드래곤볼 찾는 일이 끝나서 약속대로 무술을 배우러 왔다"고 말한 것을 보면 배움의 목적이 흐릿했음을 알 수 있지만, 크리링은 이와 달리 "강해진다. 그리고 강해져서 여자들에게 인기를 얻는다"라는 자신의 목표를 서슴지 않고 말할 정도로 명확한 비전을 가슴에 품고 있었다. 그리고 훗날 크리링은 13세에 세운 이 비전을 모두 이룬다. 그는 드래곤볼 연재 종료까지 살아남았고, 31세에 지구 최강이란 칭호를 얻었으며, 드래곤볼 최고 미녀인 인조인간 18호와 결혼을 함으로써 자신의 모든 꿈을 이루었다.

이처럼 미약했던 조직이 히든 챔피언으로 성장하는 과정에는 항상 명확한 비전과 확고한 목표 의식이 있었다. 조직의 규모나 자금력, 기술력의 차이는 상관없다. 중요한 것은 '어떤 미래를 보여줄 수 있는가?'이다.

# 6
# 왜 기뉴의 체인지는
# 실패했는가

'기뉴특전대'로 불리는 프리저의 친위대는 등장 이전부터 베지터가 그 강함에 대해 여러 번 언급했을 정도로 전투력이 뛰어난 특수 집단이었다.

기뉴특전대 멤버 중 한 명인 지스의 언급에 의하면, 기뉴의 전투력은 12만으로 프리저 다음으로 전투력이 강하다고 한다. 또한 그는 기에 대한 운용 개념을 갖고 있었기에 스카우터만 맹신했던 다른 부하들과는 달리 상대방의 실제 전투력을 예측하며 특전대의 전술을 리드하기도 했다. 하지만 안타깝게도 그의 실력은 손오공이 나메크성에 도착하기 전까지였다. 지독한 훈련과 계왕권이라는 필살기를 익힌 손오공은 자신의 최대 전투력으로 전력을 다해

덤벼도 이길 수 없는 상대였다.

자신이 손오공을 이길 수 없다고 판단한 기뉴는 상대방과 몸을 바꾸는 기술인 '체인지'를 사용해 자신의 몸을 손오공과 바꿔 버린다. 자신보다 강한 손오공의 몸을 손에 넣은 것이다. 강한 육체를 손에 넣은 기뉴는 자신감에 차서 이렇게 말한다.

"전투력 18만 이상의 엄청난 파워를 맛보여주마."

하지만 예상과는 달리 기뉴는 제대로 힘을 발휘하지 못한다.

"지스, 내 전투력이 얼마냐?"

"2만 3천입니다."

"뭐 겨우 2만 3천이야?"

그 정도 수준의 전투력은 나메크성의 최장로에 의해 파워 업이 된 크리링이나 손오반에도 못 미치는 수준이었고, 기뉴는 결국 베지터에게 치명상을 입고 쓰러지고 만다.

기뉴가 손오공의 강한 육체를 얻었음에도 제대로 힘을 쓰지 못했던 이유는 무엇이었을까? 그 이유에 대해 손오공은 이렇게 설명한다.

"정신과 몸이 일치해야 큰 파워를 얻을 수 있기 때문이다."

기뉴는 비록 강한 육체를 손에 넣었지만, 그 몸을 컨트롤할 수 있는 내공은 부족했다. 정신의 힘이 육신의 힘을 쫓아가지 못했던 것이다. 손오공의 18만 전투력의 비밀은 단순히 강인한 육체의 힘에서 오는 것이 아니라, 정신에 의한 제어 기술인 계왕권이라는 필살기를 통해 최대로 파워를 올렸을 때만 발휘되는 힘이었다. 기뉴

체인지를 시도하는 기뉴

는 강인해진 육체에만 집중했을 뿐 진정한 힘을 내게 하는 내면의 기술은 알지 못했다.

우리가 기뉴에게서 배울 수 있는 비즈니스의 교훈은 무엇일까? 성공을 위해서는 외적 성장에만 몰두할 것이 아니라 내면인 성장, 즉 내적인 가치에 집중해야 한다는 것이다. 단순한 몸집 부풀리기에서 벗어나 어떻게 하면 내실을 다질 수 있을지 생각해 봐야 한다는 것이다.

토종 커피 브랜드인 카페베네의 사례를 보자. 카페베네는 한때 최단기간 연 매출 1000억 원 돌파, 최단기간 최다 매장 수 돌파 등

화려한 수식어와 함께 하버드 비즈니스 스쿨 논문에 성공 사례로까지 실린 기업이었다. 재미있는 것은 지금은 최단기간에 마이너스 영업이익 기록, 폐점률 1위를 기록하며 비즈니스 논문에 실패 사례로 이름을 올렸다는 점이다. 단기간의 빠른 확장으로 반짝 영광을 누렸지만, 내실 없는 확장으로 망해 버린 것이다. 1년에 400개가 넘는 매장 오픈, 레스토랑과 제과점 사업으로의 진출, 중국, 일본, 말레이시아 등 해외 지역의 비즈니스 확장 등 외형은 비대해졌다. 하지만 커져가는 겉모습과는 달리 내적인 성장, 즉 브랜드에 대한 가치와 기업의 철학, 상품의 진정성은 찾아볼 수 없었다. 오직 프렌차이즈의 수익성을 내세운 끊임없는 확장만 있을 뿐이었다.

내면의 정신은 없고 껍데기만 커진 기뉴식 성장은 결국 망할 수밖에 없다. 내적 성장과 외적 성장이 조화를 이루지 못하면 균형 있는 성장이 불가능하기 때문이다. 그렇다면 어떻게 해야 내실을 다지는 성장을 달성할 수 있을까?

손오공이 진정한 성장을 위한 방법으로 내면세계인 정신을 강조했듯이, 기업의 성장은 기업의 정신인 브랜드의 가치 확립과 상품 및 서비스의 진정성이라는 기업 철학을 기반으로 이루어져야 한다. 그리고 이를 통해 핵심 산업을 육성하고 신규 사업에 투자해 시장의 우위를 점하는 전략이 필요하다. 이러한 기반이 다져지지 않은 상태에서의 외적 성장은 모래 위에 집을 짓는 꼴이 된다. 내적인 가치 확립은 결국 모든 경영의 판단 기준을 확립하는 것이기 때문이다. 복잡해진 경영 환경 속에 내적 가치의 부재는 잘못된 판단과 결정으로 이어지고, 결국 기업의 몰락으로 마무리 된다.

미국 아웃도어 브랜드 파타고니아<sup>Patagonia</sup>를 살펴보자. 파타고니아는 '최고의 상품을 만들되 환경 피해 유발을 피하고, 환경 위기에 대한 해결 방안을 수립하고 실행하기 위해 사업을 이용한다'<sup>Build the best product, cause no unnecessary harm, use business to inspire and implement solutions to the environmental crisis</sup>라는 기업 철학을 수립했다. 그리고 이 철학에 따라 사업을 확장하고 전개해 왔는데, 1973년 창립 이래 단 100개의 매장을 오픈하는 데 무려 40년이 걸렸다. 단기적인 이익을 위해 무한정 사업을 확대하지 않겠다는 것이다. 파타고니아의 가치는 성장을 위한 성장이 아니라, 시장 수요에 따른 성장이었다. 파타고니아는 재킷 하나를 가지고 대를 물려가며 입는 사람들의 이야기를 광고로 활용할 정도로 환경 보호라는 가치를 소비자에게 전달하고 기업의 가치에 따라 성장해 왔다. 파타고니아는 자신들의 제품을 사지 말라고 광고했지만 연 50%의 성장을 이룩했다. 진정성과 가치가 있는 브랜드는 결국 소비자의 선택을 받기 때문이다.

최고의 혁신 회사로 손꼽히는 아마존<sup>Amazon</sup> 역시 이러한 성장 방식을 따랐다. 아마존은 '온라인에서 모든 것이 구매 가능한 소비자 중심의 회사'<sup>To be Earth's most customer-centric company, where customers can find and discover anything they might want to buy online</sup>라는 철학을 가지고 철저히 가치 중심의 비즈니스를 운영해 왔다. 이들은 이 가치에 따라 다양한 유통망 확보, 디지털 콘텐츠 개발, 낮은 가격 구조의 시스템 구축을 통해 소비자를 만족시켰으며, 이는 트래픽의 증가와 더 좋은 셀러seller들을 끌어들이는 선순환 구조를 만들었다. 그리고 이런 견고한 시스템과 브랜드 가치를 통해 영국, 독일, 일본, 중국 등 해외 시장으로 비즈니스를 확장해 외적 성장도 달성할 수 있었다.

단기적인 성장에 눈이 멀어 비즈니스의 본질에 집중하지 못한 외적 성장은 의미가 없다. 성장은 확고한 브랜드 정신의 확립, 그리고 진정성 있는 제품과 서비스를 통해 소비자의 선택을 받은 후의 일이다. 소비자의 더 큰 수요와 니즈가 인지되면 서서히 브랜드 고유의 가치가 훼손되지 않는 범위 내에서 점진적인 확장을 이뤄내면 된다. 손오공 전투력의 비밀은 자신의 강인한 육체를 컨트롤 할 수 있는 내적인 힘에 있었다. 먼저 기업의 본질과 가치에 집중하는 내실을 다져서 기뉴가 보여준 우를 범하지 말아야 할 것이다.

# 7
# 사탄이 지구를
# 구하는 방법

드래곤볼 셀 편 이후부터 천하제일 무도회의 챔피언인 사탄이
라는 캐릭터가 등장한다. 세계 챔피언으로서 사탄의 인기는 대단
했다. 작중에서 그는 부와 명예를 누리면서 전 세계인들의 인기와
관심을 받는 인물로 그려진다. 그의 모든 경기는 전 세계에 실시간
으로 중계되었으며, 셀 게임(셀이 Z전사들과 대결하기 위해 만든 격투 시
합)의 생중계를 맡은 ZTV 리포터는 지구를 악으로부터 구할 유일
한 구세주로 사탄을 묘사하기도 한다.

사탄은 야지로베(베지터 전™에 등장하는 조연 캐릭터)의 계보를 잇
는 개그형 캐릭터로, 허세와 자만심으로 가득 찬 단역으로 나온
다. 그는 Z전사들이 하늘을 나는 것은 사기이며 도시가 파괴된 것

은 폭탄을 이용한 속임수였다고 비난하고, 셀은 자신이 처치했다는 허풍을 떨기도 한다. 이런 사탄의 모습은 지구 멸망이라는 심각한 상황에 전혀 어울리지 않는 코믹적 요소를 집어 넣음으로써 주의를 환기시키고, 예상치 못한 방식으로 스토리를 풀어가는 것을 선호하는 토리야마 아키라 작품의 특징이다.

토리야마 아키라는 사람과 동물, 공룡, 우주인들이 공존하는 드래곤볼의 독특한 세계관 속에서도 지속적으로 현실과의 조화를 추구했다. 사탄은 사이어인 등장 이후 안드로메다로 가 버린 비정상적인 세계 속에서 정상적인 세계와 연결시키는 통로로 사용된 도구인 셈이다. 이미 신의 영역을 넘나들며 우주인과 외계 악당의 싸움으로 번져 버린 드래곤볼의 전투에 사탄이라는 평범한 존재는 극히 이질적이다. 하지만 독자들은 손오공이라는 절대 강자에 자신을 이입하다가도 사탄의 등장으로 '사실 현실은 이렇게 지극히 평범할 수밖에 없다'라는 인식을 갖게 되는 것이다.

사실 사탄이 단순히 허풍만 떠는 인물은 아니다. 사탄은 천하제일 무도회 예선전으로 도입된 완력 측정기에서 Z전사를 제외하고는 가장 높은 점수를 얻을 정도로 강했고, 셀 게임에 출전한 유일한 지구인일 정도로 용기가 있었으며, 기관총을 들고 있는 무장 강도 2명을 단숨에 제압할 수 있을 정도로 뛰어난 무술 실력을 갖추고 있었다. 셀에게 얻어맞고도 찰과상 정도만 입을 정도로 맷집도 강했다. 토리야마 아키라에 의하면 사탄의 실력은 전성기 때의 밥샙Robert Malcolm Sapp의 수준이거나 그 이상이라고 한다. 토리야마는 사탄이라는 캐릭터에 애착을 갖고 있어서 단역으로 그칠 것 같던 그를 마인 부우 편에서도 계속 등장시켰으며, 역할 또한 확대되어 팬들 사이에서는 마지막에 합류한 최후의 Z전사라는 호칭을 얻기도 했다.

드래곤볼에서 사탄의 위치가 중요한 점은 사탄의 등장이 드래곤볼의 모든 패러다임과 작품의 철학을 반전시키는 전환점을 가져왔다는 데 있다. 이제까지의 드래곤볼은 힘의 논리로 모든 것이 결정되는 약육강식의 패러다임을 갖고 있었다. 영적인 세계의 정점에 있는 '신'神의 존재마저 철저히 강함으로 우열이 매겨졌으며, 최약자로 대표되는 지구인은 전멸해도 드래곤볼로 살려내면 된다는 식으로 경시되었다.

사탄은 이러한 패러다임의 정반대에 있는 인물이다. 사탄은 다른 Z전사들과는 달리 '싸우지 않고 이긴다'不戰而勝라는 궁극의 병법을 몸소 실천한 무도인이었으며, 세 치의 혀로 극적인 반전을 가져온 지략가였다. 토리야마는 드래곤볼 대미를 장식할 최후의 적인 마인 부우를 처리하기 위한 핵심 열쇠로 사탄을 선택한다. 프리저에게 대항하기 위한 장치로 초사이어인을, 셀에게 대항하기 위해 초사이어인2와 손오반의 각성이라는 '더욱 강한 힘'을 제시했던 것과는 전혀 다른 방식이었다.

우리는 여기서 아주 중요한 비즈니스적 교훈을 얻을 수 있는데, 바로 사람의 마음을 얻는 힘이 그 어떠한 전략보다 위대할 수 있

미스터 사탄

다는 것이다.

사탄은 맹독 초콜릿과 폭탄이 설치된 게임보이로 부우를 암살하려다가 오히려 부우에게 '재미있는 놈'이라는 평가를 받고 부우의 부하가 된다. 이후 부우를 목욕시키거나 요리를 해주면서 함께 지내게 되는데, 사탄의 헌신적인 모습에 부우는 사탄에게 마음을 열게 된다. 사탄은 부우와 함께 시간을 보내면서 '인간을 해치고 집을 부수는 것은 나쁜 것이다'라고 알려주며, 부우에게 아무도

안 죽이겠다는 약속을 기적적으로 받아낸다. 힘으로 대적할 방법을 찾느라 발만 동동 굴리고 있던 Z전사들과는 대조적인 모습이다. 사탄은 상대의 마음을 얻어 자신이 원하는 것을 성취하는 지혜가 있었던 것이다. 비즈니스에서도 사람의 마음을 얻는다는 것은 단순히 경영 전략일 뿐 아니라 인재 확보, 조직 문화 등 전반에 걸쳐 중요한 요소로 작용한다.

독일의 가장 권위 있는 일간지 자이퉁<sup>Süddeutsche Zeitung</sup>은 알리바바<sup>Alibaba group</sup>의 CEO 마윈<sup>馬雲</sup>의 성공 비결은 중국인들의 마음을 잘 공략한 데 있었다는 결론을 내렸다. 마윈이 이베이<sup>eBay</sup>와 승부를 내겠다고 공언했을 때 이를 믿는 사람은 아무도 없었다. 하지만 마윈은 타오바오<sup>淘宝網</sup>, 온라인 백화점 티몰<sup>天猫</sup>을 중국 시장에서 성공시켰고, 이베이는 결국 중국에서 철수하고 만다.

마윈은 손해 보기 싫어하고 의심이 많은 중국인들의 마음을 꿰뚫었다. 중국인들은 어렸을 때부터 손해를 보지 말라는 교육을 받는다. 중국에서 학교 급식을 먼저 타려고 몸싸움을 벌이는 모습은 흔한 광경이다. 또한 짝퉁이 판을 치는 중국 시장에서 소비자들은 판매자를 잘 믿지 못하고 재확인하는 습성이 있다. 마윈은 이러한 점을 시스템에 녹여내 판매 수수료를 없애 판매자를 유치하는 한편, 배송 후 곧바로 돈이 예치되는 알리페이 시스템을 도입해 소비자를 유치하는 전략으로 대성공을 거둔 것이다.

패션기업 '보끄레머천다이징'의 이만중 회장은 1999년 중국과

조인트 벤처를 통해 브랜드 사업을 전개했다. 형편없는 중국 직원들의 서비스를 목격한 이 회장은 이 직원들을 한국에 초청해 좋은 서비스를 경험하게 해줌으로써 이들의 행동을 변화시키겠다고 마음먹는다. 초청한 직원들을 5성급 호텔에 머물게 했으며, 자사 방문 시 현수막을 걸고 이들을 환영했고, 고급 미용실까지 이용할 수 있도록 배려하면서 이들에게 최고의 경험을 선사했다. 또한 이 회장은 이들 한 명, 한 명을 포옹하고 진심 어린 감사의 메시지를 전달했다. 중국 직원들은 태어나서 처음 받는 대접에 눈시울을 붉혔고, 이후 중국 매장은 3배가 넘는 매출을 기록했다. 직원들은 월급 2배 조건의 스카우트 제의도 거절하고 업무에 매달렸다. 이 회장의 진심이 직원들의 마음을 열어 이들이 핵심 인력으로 자리 매김한 까닭이다.

이렇듯 마음을 열게 하는 것이 비즈니스에서 큰 영향력을 발휘한다면 어떻게 해서 사람의 마음을 움직일 수 있을까?

사람의 마음의 여는 것은 성과에 대한 보상, 복리 후생, 높은 급여가 아니다. 이것은 용기, 사랑, 헌신 등의 보편적 가치들이다. 특히 기업이 고객의 마음을 얻기 위해 필요한 핵심 요소는 '신뢰'라는 가치이다. 신뢰는 단지 듣기 좋은 무형의 자산이 아니라, 비즈니스의 근간의 되는 핵심 가치이다. 신뢰는 지속 가능한 구조와 관계를 형성하는 모든 것의 기초이다. 직원들에 대한 신뢰는 동기 부여와 성과로 나타나고, 소비자의 신뢰는 재구매와 매출로 나타난다. 신뢰는 마음을 여는 강한 힘이 있기 때문이다.

맥킨지는 비즈니스가 진화할수록 고객의 신뢰가 갖는 영향력은 더욱 커질 것임을 예측했다. 일시적인 성과를 위해 소비자의 신뢰를 깎아먹는 어리석음을 범하면 안 된다. '일시적으로 고객의 신뢰를 훼손해서 얻은 이익은 오래갈 수 없으며, 결국 고객들의 외면을 받게 된다'는 베인앤컴퍼니Bain and Company의 연구 결과가 이를 뒷받침해준다.

따라서 내부 고객인 직원들과 소비자의 마음을 열기 위해 어떻게 신뢰를 구축해 가야 할지 고민하는 것이 중요하다. 원칙 중심의 운영을 통해 일관성을 지켜내는 것, 정직한 판매와 투명한 조직을 구축하는 것 같은 신뢰 관리가 경영 전략으로 필요한 것이다.


부우와의 마지막 격전을 펼치던 손오공은 자신의 최후의 필살기로 원기옥(사람들에게 기를 나누어 받아 사용하는 기술)을 전개한다. 하지만 부우가 공격을 지체하는 짧은 순간 동안 기를 모두 모으기에는 시간이 부족했다. 베지터는 지구인들에게 "야, 이 지구인 놈들아! 빨리 협력해!"라고 외치며 기를 나눠주기를 설득하지만 역부족이었다. 위기의 순간 사탄이 소리친다. "빨리 협력 못하겠나! 나, 미스터 사탄의 부탁도 안 듣겠단 말이냐!" 사탄의 말을 들은 지구인들은 "그래! 미스터 사탄의 말이라면야!"라고 하며 마음을 열고 기를 전달했고, 결국 부우를 날려 버릴 수 있는 충분한 기를 모으게 된다.

사실 베지터나 사탄이나 말투에는 큰 차이가 없다. 둘 다 일방적이고 건방진 명령조의 말투였다. 차이를 만든 것은 바로 '사탄에 대한 신뢰'에 있었다.

"잘했다! 미스터 사탄, 너야말로 진정한 세계의 구세주다!"

손오공은 사탄의 업적을 칭송하며 원기옥으로 일격 필살을 날린다.

토리야마가 12년간 연재한 작품의 엔딩을 힘의 논리가 아닌 마음을 여는 관계와 신뢰로 마무리했다는 점은 우리에게 큰 시사점을 준다. 그것은 '마음을 여는 힘'이 '무력의 힘'(경영 전략)보다 위대하다는 메시지일 것이다.

# 8
# 손오공이 심장병 약을
# 복용했다면?

드래곤볼 단행본 28권에 보면 손오공과 미래에서 타임머신을 타고 온 트랭크스가 만나는 장면이 나온다. 트랭크스는 프리저 부자를 단숨에 해치우고 손오공에게 인조인간의 존재를 알린다.

"지금부터 3년 후 닥터 게로가 만든 인조인간이 나타나 모든 Z 전사는 전멸하고 만다."

"나는 어떻게 되지? 나도 역시 죽게 되나?"

"당신은 안 싸워. 이제 곧 병에 걸려 버려. 그리고 죽게 되고……"

3년 후 인조인간이 나타난다. 손오공은 초사이어인으로 변해 인조인간 19호와 싸우지만, 상황은 불리하게 돌아간다. 힘이 부쳐

선두를 먹어 보지만 소용이 없다. 그리고 이내 초사이어인이 풀려 버리고, 쓰러지고 만다. 그리고 인조인간 19호와의 대결에서 손오공은 패배한다. 실력 부족이 아니었다. 원인은 바이러스성 심근염으로 추정된다. 이 병은 바이러스로 인해 심근에 염증이 생기는 병으로, 젊은 환자들의 돌연사 중 20%는 심근염과 관계가 있다고 한다. 손오공은 전투를 하다가 호흡이 거칠어지며 왼쪽 가슴을 움켜잡고 괴로워하는데, 이런 흉부 통증과 호흡 곤란은 심근염 환자에게 나타나는 보편적인 현상이다.

우리가 여기서 생각해 봐야 할 점은 실패의 원인이 의외로 다른 곳에서 나올 수 있다는 것이다. 그리고 그 원인은 실력이나 기술의 부족이 아닌 우리가 전혀 생각지 못한 질병 같은 뜻밖의 사소한 이유에서 나올 수 있다는 점이다.

큰 사고의 원인을 찾아보면 의외로 사소한 문제에서 시작되는 것을 볼 수 있다. 인류가 겪은 최악의 방사능 유출 사고 중 하나로 기록된 미국 스리마일 섬 원전 사고는 운전원의 작은 실수에서 비롯되었다. 우주 왕복선 콜롬비아호의 폭발 원인은 연료 탱크에서 떨어져 나간 작은 발포 단열재 조각 때문이었다. 사소한 원인으로 인한 지도자의 오판으로 전쟁이 발발하기도 한다.

비즈니스에서도 사소한 행동과 결정이 큰 영향을 받을 수 있다. 경영진이 생각없이 결정한 사소한 판단이 비즈니스의 근간을 흔들 수도 있고, 사소한 행동이 조직 문화 전체에 영향을 미치기도 한다. 이것이 비즈니스에서 사소한 것을 관리해야 하는 이유이다.

그렇다면 어떻게 사소함을 관리해야 하는가?

첫째, 사소한 것도 방치하지 말고 적극적으로 처리해야 한다.

건물의 깨진 유리창 하나가 범죄 가능성을 높인다는 '깨진 유리창 이론'은 비즈니스에서 소비자의 작은 불만 하나가 기업을 위기에 몰아넣을 수 있다는 이론으로 확산되고 있다.

미국 린치버그대학<sup>Lynchburg College</sup>의 토머스 나이슬리<sup>Thomas Nicely</sup> 교수는 인텔의 펜티엄칩을 탑재한 PC로 수학 연산을 하다가 오류를 발견하고 인텔 홈페이지에 이를 게시했다.

"이 버그는 델의 P90, 게이트웨이의 P90, 마이크론의 P60 등 내가 시험해 본 모든 펜티엄칩 컴퓨터에서 발견됐습니다. 이는 이전의 어떤 486 칩에서도 나타나지 않는 현상이었습니다."

하지만 인텔은 오류가 발생할 확률은 90억 분의 1이라며 소홀히 응대했고, 무성의한 고객 응대에 대한 비난과 급격하게 떨어진 판매율을 체감하고 나서야 문제가 있는 프로세서를 리콜했다. 앤디 그로브<sup>Andy Grove</sup> 전 인텔 회장은 "그 작은 오류가 6주도 안 되는 동안 5억 달러 이상의 손실을 가져왔다"고 회상했다. 작은 오류와 사소하게 넘긴 고객 응대가 기업에 큰 손실을 가져다준다는 교훈을 남긴 사례인 것이다.

기업들은 사소한 불만을 문제로 인식하지 못하고, 인식하더라도 가급적이면 숨기거나, 어쩔 수 없이 처리한다는 식의 사고방식을 버려야 한다. 기업의 위기도 재해와 같이 일어난다. 사건이 터지

심장병으로 쓰러진 손오공

기 전에 반드시 수차례의 경미한 사고와 눈에 드러나는 징후가 있
다. 제때 바로잡지 못하면 결국 기업은 회생할 수 없는 길로 들어
서고 만다. 따라서 사소한 문제도 적극적으로 대응하고 대처하는
지혜가 필요하다.

통계 조사에 따르면, 아무런 문제를 느끼지 못하는 소비자는
제품 재구매율이 9%인 데 비해, 불만 고객을 잘 응대할 경우 재구
매율이 50%까지 올라간다고 한다. 이는 사소한 고객의 목소리에
귀를 기울일 때 고객 이탈 방지뿐만 아니라 매출 증대로 연결될 수
있다는 것이다. 그리고 더 나아가 개인의 불만을 전체 고객의 의견
으로 받아들이고 이를 개선해 조직 혁신으로 나아가는 계기로 삼
아야 한다. 소비자의 불만과 피드백은 새로운 비즈니스 발굴을 위
해 진행하는 소비자 리서치나 마켓 리서치에 투자하는 노력보다

훨씬 효율적으로 시장의 목소리를 들을 수 있는 기회이기 때문이다. 소비자 상담실의 전화 응대 같은 소극적 대응에서 벗어나 불만을 예방하기 위한 전사적인 시스템 구축과 불만을 통해 새로운 혁신이 가능하다는 의식의 전환이 필요하다.

둘째, 사소한 것도 잘 처리하는 것을 비즈니스의 성공 요소로 생각해야 한다.

소비자들의 의사 결정은 언뜻 보기에는 뭔가 대단한 차이에 의한 것 같지만, 사실은 극히 사소한 부분에 의해 결정된다. 예를 들면 세일즈맨의 넥타이 색상, 명함의 디자인, 제안서의 인쇄 상태 등이다. 대부분의 서비스가 상위 평준화되어 실제적인 차이를 느낄 수 없기에 소비자는 이제 디테일에서 차이점을 찾는다. 그런데 역설적인 것이 큰 차이를 만드는 것보다 작은 차이를 만드는 것에 더 많은 힘이 든다는 것이다. 작은 차이는 눈에 잘 드러나지 않아 찾기 힘들기 때문이다. 하지만 작은 사소함에 집중할 때 비즈니스는 성공으로 연결될 수 있다.

단 20대의 차량으로 시작한 일본의 MK택시는 1,500대의 차량과 4,000여 명의 직원으로 성장하며 타임지에 세계 최고의 서비스 기업으로 선정됐다. MK택시가 한 것은 대단한 설비투자와 시스템 도입이 아닌 인사말의 습관화였다. "감사합니다", "오늘은 ○○○ 기사가 모시겠습니다", "목적지는 ○○○가 맞습니까?", "잊으신 물건은 없으십니까?"라는 네 번의 인사를 받지 못하면 승객은 요금을 내지 않아도 된다는 정책을 내걸었다. 그리고 이 작은 인사만으로 서비스계의 혁신을 이룬 회사로 우뚝 서게 된 것이다. 작은 것이 결국 큰 차이를 만든다.

트랭크스는 타임머신을 타고 미래로 떠나기 전 손오공에게 심장병을 고칠 수 있는 약을 전달하며 반드시 복용하라고 당부한다. 하지만 손오공은 이를 가볍게 여기고 결국 중요한 전투에서 고전하고 만다. 심지어 손오공의 아내인 치치에게도 이 사실을 알리지 않아 약을 찾는데 많은 시간이 소요됐다. HP의 창업자인 데이비드 패커드David Packard는 '작은 일이 큰일을 이루게 하고 디테일이 완벽을 가능케 한다'고 했다. 따라서 사소한 것부터 관리해 손오공이 겪은 위기를 피하고 사소함의 관리를 경영 전략으로 활용하는 경영의 지혜가 필요하다.

## ★
# 에필로그

한국에서 드래곤볼은 1989년 서울문화사에서 발행한 만화 주간지 〈아이큐 점프〉를 통해서 연재됐다. 초등학교 시절 아이큐 점프의 별책부록으로 나오는 이 만화를 보기 위해 매주 용돈을 모아 문방구 앞에서 목매고 기다렸던 기억이 아직도 선명하다.

해가 바뀌어 1990년이 되자 돌연 (공식적으로 판권을 보유하고 있는 서울문화사에는 미안한 얘기지만) 해적판 드래곤볼이 판을 치기 시작했다. 당시 대부분의 일본 만화는 음성적인 형태로 문방구 유통망을 통해 배포되는 것이 관례였는데, 드래곤볼도 예외는 아니었다. 90년대 초반까지도 아직 저작권에 대한 개념이 그리 심각한 것으로 받아들여지지 않았기에 너도나도 이 슈퍼 히트 만화, 드래곤볼을 찍어내는 데 혈안이 되어 있었다. 먼저 찍는 사람이 시장을 점유한다는 논리가 먹혔던 시대였다.

최근 드래곤볼의 해적판을 유통해 큰돈을 번 XX출판 대표와 인터뷰를 한 적이 있다.

"당시에는 번역가가 귀했지. 일본에서 새로운 에피소드가 나오면 바로 번역해서, 다른 경쟁 출판사보다 먼저 유통하는 것이 관건이었어."

수많은 드래곤볼 해적판 중에서도 유독 내가 기억하고 있는 것은 호호샘코믹스에서 주황색 양장의 포켓북 사이즈 판형으로 출판한 '드래곤의 비밀'이다. 물론 오리지널 일러스트를 표지에 내세운 양지출판사의 해적판 드래곤볼보다 더 조악한 표지와 번역은 어쩔 수 없었지만 드래곤의 일본식 표기인 '드라곤'ドラゴン(사실 발음은 도라곤이 맞겠지만)을 타이틀로 내세운 책 제목이 그 당시로서는 상당히 매력적이라 생각했다(게다가 가격도 초등학생들에게 아주 합리적인 500원이었다).

시간이 흘러 30년 후 서울문화사의 드래곤볼 풀 컬러 버전이 나오고 이를 뒤적여 보던 중 '허, 지금 보니 이런 내용이 다 있네. 음, 이건 아주 경영학적으로 훌륭한 발상이군!' 하며 새로운 관점으로 바라보게 된 것이다. 그리고 비즈니스적 관점에서 드래곤볼을 고찰하며 한 꼭지, 한 꼭지 써 내려간 것이 어느덧 책 한 권 분량이 되었다.

드래곤볼을 재미있게 읽은 기억이 있다면, 수업시간에 몰래 교과서 사이에 '드라곤의 비밀'을 끼우고 농땡이를 부려본 적이 있다면, 그리고 비즈니스에서 놀라운 인사이트를 얻고 싶다면, 그렇다면 이 책이 나름 도움이 될 것이다. 보다 많은 분들이 이 책을 통해 경영 마인드를 강화하고 비즈니스에서 큰 성공을 거두기를 바란다. 🐉